## '나'라는 브랜드

브랜드는 자기만의 고유한 정체성에서 나온다.
나만의 이야기를 만들어 가는 것.
그것이 브랜딩이다.

'나'라는 브랜드
창조적인 기업가 정신으로 살아가는 법

2018년 6월 4일 초판 발행
2019년 10월 15일 2쇄 발행
2022년 3월 22일 3쇄 발행

| | |
|---|---|
| 지은이 | 디자인 매거진 CA 편집부 |
| 디자인/일러스트레이션 | 김희애 |
| 펴낸이 | 김병인 |
| 펴낸곳 | CA BOOKS |
| 전화 | 02-852-5412 |
| 팩스 | 02-852-5417 |
| 이메일 | cabooks@cabooks.co.kr |
| 홈페이지 | www.cabooks.co.kr |
| 블로그 | www.blog.naver.com/caBooks |
| 페이스북 | www.facebook.com/LikeCA |
| 인스타그램 | www.instagram.com/ca.books |

ISBN 978-89-97225-46-0
값 16,000원

© 2018 (주)퓨처미디어
이 책의 저작권은 지은이에게 있으며, 무단 전제와 복제는 법으로 금지되어 있습니다.

- 파손된 책은 구입하신 서점에서 교환해 드립니다.
- 소중한 아이디어와 원고 투고를 기다립니다. cabooks@cabooks.co.kr
- CA BOOKS는 (주)퓨처미디어의 독립 출판 브랜드입니다.

'나'라는 브랜드

CA 편집부 지음

**CA BOOKS**

이룰 수 없는 꿈을 꾸고
이루어질 수 없는 사랑을 하고
이길 수 없는 적과 싸움을 하고
견딜 수 없는 고통을 견디며
잡을 수 없는 저 하늘의 별을 붙잡자

더 나은 세상을 꿈꾸어라.


- 돈키호테 중 -

# 서문

환영합니다.

    자신을 홍보하는 가장 좋은 방법은 창조적인 결과물을 제시간에 잘 전달하는 것이다. 여기까지는 누구나 알고 있는 사실이지만, 그것만으로 전부일까? 학생이거나, 회사원이거나, 프리랜서이거나, 창업을 준비하거나, 스튜디오를 운영하거나, 대형 에이전시의 대표이거나. 어느 분야에서 어떤 위치에 있든, 더 많은 일을 찾고 있으며 새로운 시장을 개척하고자 한다면, 자신을 브랜딩하고 알리는 기술이 필요하다.

    원하는 결과물을 제시하는 건 기본이다. 온라인 공간에서 존재감을 드러내야 하고, 놀랄만한 프로모션을 펼칠 수 있는 전투력을 갖춰야 한다. 끝내주는 캠페인을 벌여야 하는 것도 물론이다. 입소문을 적극적으로 활용하고, 디지털 트렌드에 맞춰 자기계발을 멈추지 말아야 한다.

    어떻게 자신의 역할을 발전시키고, 중요한 사람들의 이목을 끌 수 있을까? 모든 과정의 본질은 결국 '나'라는 브랜드를 만드는 일이다. 탁월한 브랜드는 자신을 돋보이게 할뿐 아니라 신뢰를 쌓도록 돕는다. 하룻밤 사이에 모든 문제를 해결할 수는 없지만, 이 책은 길을 찾는 이들에게 지도와 나침반이 되어줄 것이다.

                                           CA 편집부

# 1막     만들기 : 정체성, 브랜드

## 1장     자신을 브랜딩하기    15
왜, 브랜딩인가?    16
브랜드에 관한 진실    18
자신을 브랜딩하는 기술    20
활용하기 좋은 도구들    24

**전문가 조언**
1 '축구를 좋아하는 디자이너'라는 브랜드    32
2 진정성의 실체가 브랜드를 이끈다    34

**케이스 스터디**
1 배민다움의 브랜딩은?    38
2 모든 작업은 일종의 셀프 브랜딩?    42
3 "개인이 아닌 스튜디오로 알고 있어요"    44

## 2장     디지털 세계에 진출하기    49
멋있는 웹사이트 꾸미기    50
검색 엔진 최적화    54
효과적인 전자 뉴스레터    58
온라인 브랜드 다듬기    62

**케이스 스터디**
'나'를 내세운 온라인 브랜드    68

## 3장     강력한 아날로그 홍보물    73
기억을 떠올리는 명함    74
효율적으로 홍보물 만들기    78
투자해야 할 선택    80

**케이스 스터디**
1 똑같은 것이 없는 그림명함    86
2 리소 덕분에 더 빨리 알려진 스튜디오    88

## 2막   알리기 : 네트워킹, 프로모션

### 4장

| | | |
|---|---|---|
| | 적극적으로 알리기 | 95 |
| | 암호 풀기 | 96 |
| | 어떻게 능력을 팔 것인가? | 102 |
| | 언론 매체 활용하기 | 106 |
| | 온라인 전략 다듬기 | 110 |
| 케이스 스터디 | 1 "브랜드는 타인이 만들어 주는 것" | 116 |
| | 2 "한 번 보내고 또 보냈죠" | 118 |

### 5장

| | | |
|---|---|---|
| | 입소문 만들기 | 123 |
| | 입소문 만들기 | 124 |
| | 강력한 첫인상 남기기 | 130 |
| | 능숙하게 인맥 쌓기 | 134 |
| | 행사, 직접 주관하기 | 138 |
| 케이스 스터디 | "사소한 만남까지 잘 가꾸었다" | 144 |

### 6장

| | | |
|---|---|---|
| | 소셜 네트워크 서비스(SNS)에 올라타기 | 149 |
| | 타깃 고객층과 소통하기 | 150 |
| | 딱 맞는 소셜미디어 선택하기 | 152 |
| | 잘 띄게 하는 법 | 153 |
| | 포스팅 빈도 실험 | 154 |
| | 헛된 지표에 빠지지 않기 | 156 |
| | 기술적 고려 사항들 | 158 |
| | 해시태그 검색 | 160 |
| | 결정타, 동영상 콘텐트 | 161 |
| 팁 | 1 포스팅 타이밍을 잡는 6가지 팁 | 162 |
| | 2 소셜 네트워크 서비스 팩트 체크 | 164 |
| | 3 더 나은 동영상 만들기 | 168 |
| 인터뷰 | 진짜 나의 이야기로 나를 드러내기 | 170 |

## 3막  넓히기 : 창업가, 영향력

### 7장  창조적인 기업가 정신 183
스스로 해내거나 죽거나 184
돈에 구속되지 않기 186
혼자 힘으로 해내기 188
맥가이버처럼 기술 갖추기 190
자신을 위해 일하기 192
창조적 기업가로 탄생하기 194

**케이스 스터디**  작업실 겸 쇼룸, 제로퍼제로 198

### 8장  영향력 넓히기 205
공모전에서 수상하기 206
작품 전시하기 208
전시회 직접 열기 212
협업, 그리고 공간 공유 216
더 신경 쓸 일들 218

**케이스 스터디**
1 따로 또 같이, 협업은 내 정체성의 뿌리 220
2 주말을 즐기자, 다섯이 모인 5선데이 222

### 9장  에이전시 활용하기 227
에이전시가 필요한가요? 228
옵션은 무엇일까? 230
적합한 에이전시 찾기 232
계약서 꼼꼼히 살피기 234
에이전시 다루는 법 236

일러두기

• 스튜디오 : 공방 같은 1인(개인) 작업실에서부터 서너 명이 함께 일하는 소규모 기업과 협업 그룹, 나아가 좀 더 큰 규모의 에이전시까지를 포괄하는 이름으로 썼다. 디자인, 공예, 미술, 사진, 패션, 건축 등 조형 예술 분야를 비롯하여 음악, 공연 등의 대중 예술과 광고, 영상 등의 상업 예술을 포괄하여 개인 혹은 다수가 함께 작업할 수 있는 공간을 의미한다.

• 포스팅 : 블로그와 소셜 네트워크 서비스(SNS) 등 소셜미디어에서 게시글을 올리는 일련의 행위를 포괄하는 이름으로 썼다.

• SNS : 페이스북, 인스타그램, 트위터, 링크드인 등 모든 소셜 네트워크 서비스를 포함한 통일된 약어로 썼다.

• 고객 : 업종의 성격에 따라 프로젝트 주문을 의뢰하는 고객 회사를 '클라이언트'라고 말하고 쓴다. 여기서는 이를 고객으로 통일하여 썼다.

• 알고리즘 : 컴퓨터 용어로, 어떤 문제를 해결하기 위한 명령으로 구성된 일련의 순서화된 절차로 썼다.

1막

만들기 : 정체성, 브랜드

우리는 결과물의 완성도에만
지나치게 매달린다.
하지만 자신을 기억할 만한 존재로 만드는 건
브랜드이다.

브랜드는 남들과 차별화하여
자기만의 정체성을 만드는 것.
즉, 나를 만드는 것이다.

# 1장
# 자신을 브랜딩하기

어느 분야에서든 예외 없이 자신을 알리려면 뛰어난 결과물을 주어진 시간에 예산에 맞춰 제대로 전달해야 한다. 이것은 대단한 비결도 아니다. 해마다 수많은 사람이 산업 현장에 뛰어들고, 실력을 쌓은 이들이 넘쳐나고, 차별화로 무장한 신생 기업들이 끊임없이 생겨나고 있다. 이런 요즘 훌륭한 결과를 담은 포트폴리오나 쌓아온 업적만으로 성공을 보장받을 수는 없다. 창의적인 생태계에서 경쟁은 날로 심해지고 있다. 필요에 따라 다수의 사람 사이에서 돋보일 필요가 있다.

    자신을 대중들에게 뚜렷하게 노출하려면 자기만의 브랜드가 필요하다. 브랜드는 남들과 차별화하여 자신의 가치를 인정받기 위한 가장 좋은 방법이다. 하지만 그것이 반드시 만능일 필요는 없다. 자기의 고유한 능력만으로 이름을 알린 사례도 많다. 보유한 능력의 핵심을 사람들에게 어떻게 새기는지가 중요하다.

## 왜, 브랜드인가?

우리는 결과물의 완성도에만 지나치게 매달린다. 하지만 자신을 오래도록 기억할 만한 존재로 만드는 가장 효율적인 도구는 브랜드이다.

창의적인 스튜디오나 에이전시가 홍보할 때 첫 단계는 아이덴티티를 구축하는 것이다. 이는 정해진 순서이다. 이 단계에서 기량을 자랑할 좋은 기회가 되기도 한다. 그렇다면 프리랜서나 어느 개인에게도 자기만의 고유한 정체성을 바탕으로 브랜드를 만드는 게 유용할 것이다. 이는 작업의 방향을 공고히 하고, 소통 방법을 조율할 수 있으며, 궁극적으로 이름을 뚜렷하게 알려 더 많은 주문을 받을 수 있도록 해준다. 이런 본질은 어느 분야에서든 모두에게 적용된다. 창조적인 기업가 정신의 출발선이다.

하지만 멋진 이름과 로고를 만드는 것만이 브랜드의 전부라고 생각해서는 안 된다. 브랜드는 자신이 하는 일의 핵심을 제대로 전달해야 한다. 어떻게 하는 것일까? 좋은 브랜드를 만드는 요소는 무엇이며, 그만한 가치가 있는 것일까?

# 브랜드에 관한 진실

브랜드가 만능인 시대다. 과연 그럴까? 남들과 차별화하여 자신의 가치를 인정받기 위한 좋은 방법이지만 반드시 얽매일 필요는 없다. 그 진실은 무엇일까?

## 1. 왜, 브랜드에 신경 쓰나?

고유한 정체성의 브랜드를 만드는 것이 세상 사람들에게 자신이 어떤 사람이고, 무슨 일을 하며, 어떤 점에서 경쟁자보다 뛰어난지 분명하고 능숙하게 알리기 위한 가장 좋은 방법이기 때문이다. 이렇게 만들어진 브랜드는 자기 일에 개성을 부여하고, 그 분야의 전문가로 자리매김하게 해준다.

## 2. 좋은 브랜드를 만드는 요소는?

명료성과 일관성과 지속성이다. 좋은 브랜드는 정체성이 분명하고, 자신의 가치를 잘 전달한다. 일관성 있게 자기만의 브랜드 가치를 외부에 전달하고, 목표하는 고객층과도 꾸준한 관계를 유지해 준다. 고객들과 동업자, 그리고 동료들에게 신뢰를 갖게 하는 브랜드가 좋은 브랜드이다.

## 3. 브랜드 성공의 장점은?

브랜드가 성공한다면 목표하는 고객층이 자신이나 스튜디오에 일을 의뢰하거나 서비스를 주문해 올 것이다. 또한 그 일을 잘 완수한다면 자신에게 전문성이 부여될 뿐만 아니라 업계에서 오래도록 소문으로 퍼질 것이다. 자기만의 브랜드를 통해 더욱 다재다능하고 신뢰할 수 있는 이미지를 단단히 구축하게 될 것이다.

### 4. 브랜드가 제대로 활용되지 않는 경우는?

이곳저곳에 결과물들이 여과 없이 노출되고 있다면 오히려 자기 일을 흐릿하게 만들 수 있다. 이는 브랜드 활용을 잘못하는 경우이다. 아니면 브랜드를 제대로 구축하지 못한 경우이다. 명료성, 일관성, 지속성이 드러나지 않는다면 잘못된 메시지를 전달해서 잠재 고객마저 몰아낼 것이다.

### 5. 로고를 꼭 만들어야 할까?

좋은 로고는 자신을 경쟁자들보다 돋보이게 하고, 기억하기 쉽게 할 것이며, 자신의 경력에 전문성을 부여할 것이다. 나아가 자신의 정체성을 시각적으로 전달할 수 있으며, 여러 분야의 일도 시각적으로 통합할 수 있다. 하지만 그것을 의도하고 로고를 만드는 일은 삼가자. 브랜드는 단순히 자신의 결과물에 대해 고객이 어떻게 생각할 것인가에 대해 맞추어져야 한다.

### 6. 브랜드는 필수적인가?

그렇지는 않다. 많은 스튜디오나 에이전시들이 브랜드에 큰 정성을 들이지 않고도 이름을 널리 알렸으며, 자신의 이름만 걸고도 일을 성공적으로 수행하는 프리랜서나 여느 개인들도 많다. 전력을 다해 브랜드를 만들든, 만들지 않든 간에 궁극적인 평가 기준은 자신에게 있다. 결국 '나'라는 브랜드이다.

# 자신을 브랜딩하는 기술

브랜딩은 규모가 크거나 커질수록 기업에 매우 유익하다. 그런 만큼 창의적인 젊은 창업가나 프리랜서나 여느 개인에게도 다 쓸모가 많다. 자신을 잊지 않게 하는 것, 자신을 성공적으로 브랜딩하기 위해 무엇이 필요할까?

## 1. 기본으로 돌아가기

먼저 자신의 기량과 일의 특성을 정확하게 파악해야 한다. 자신은 무슨 일을 하는가? 잠재 고객에게 어떤 가치를 전달하고, 어떤 이익을 주는가? 다른 사람이나 스튜디오와 차별점은 무엇인가? 이런 질문을 다른 사람들에게 던져보는 것도 도움이 된다. 즉, 나의 정체성은 무엇인가? 하는 문제다. 이를 바탕으로 자기만의 브랜드가 잠재 고객들에게 어떻게 알려지기를 바라는지 생각하고 구체적으로 정리해 보는 것이다. 무엇으로 알려지고 싶은가?

## 2. 목표는 누구인가?

다음은, 목표 고객층에 주목해야 한다. 자신이 생각하는 이상적인 고객층은 누구인가? 그들이 원하고 필요로 하는 것은 무엇인가? 자신은 그것을 어떻게 제공할 수 있는가? 리서치를 통해 자료를 모으고, 그것을 브랜드 메시지에 반영해야 한다. 목표 고객층을 일단 정하고 나면, 그에 맞는 소통과 교류를 위한 채널을 구체화하고 그 방식에 집중할 수 있다.

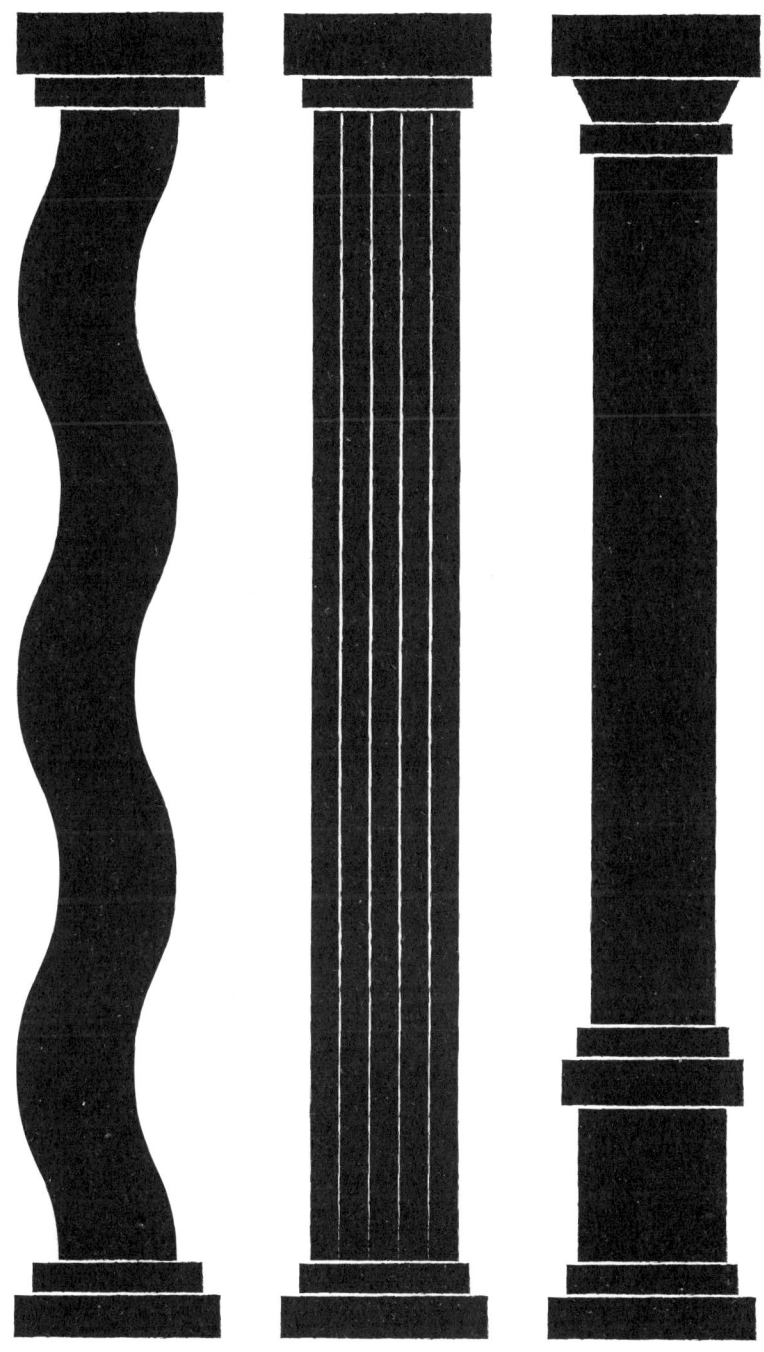

## 3. 이름이 뭔가요?

사람들은 기억하기 쉬운 브랜드명을 원한다. 이름이 단순하면 좋지만 동시에 눈에 띄는 이름이어야 효과적이다. 브랜드 이름이 오랫동안 자신을 대표하는 아이덴티티가 된다는 사실을 잊어서는 안 된다. 즉, 지나치게 트렌드에 영향을 받을 필요는 없다는 뜻이다. 따라서 시대에 구애받지 않는 브랜드를 목표로 한다. 온라인에서 돋보일 수 있도록 몇몇 검색어를 중심으로 자료를 조사하고, 필요하다면 도메인도 구입한다. 블로그나 소셜미디어에서도 계정의 고유한 이름을 만든다. 이메일 주소도 마찬가지다. 길거나 어려운 단어 혹은 의미 없는 숫자 등을 넣는 것은 기억하기도 어려울 뿐만 아니라 오히려 정체성마저 해친다.

## 4. 로고 마크 활용하기

표식이 반드시 필요하지는 않지만 좋은 로고가 있으면 고객에게 전달할 메시지를 보다 강하게 표현할 수 있다. 전반적인 분위기를 어떻게 꾸미고, 어떤 색상과 글씨체를 사용해서 고객에게 어필할지 생각해야 한다. 자신이 좋아하는 독특한 컬러나 단순한 손 그림을 활용한 심볼로도 고유한 아이덴티티를 만들어 낼 수 있다. 로고나 심볼은 명함, 웹사이트, 소셜미디어, 다양한 애플리케이션 문구류 등 여러 브랜드 요소에도 쓰일 수 있도록 만든다. 이를 모든 브랜드 요소에 일관성 있게 유지하여 사용한다.

## 5. 자기만의 스토리 공유하기

그저 브랜드를 보여주는 것만으로는 부족하다. 지속적으로 이야기를 들려줘야 한다. 자기만의 스토리를 만드는 것이다. 웹사이트나 블로그, 그리고 여러 소셜미디어에 '자기소개' 코너를 반드시 만든다. 그곳은 단순히 자신의 역사와 철학, 사업 방향을 알리는 공간만이 아니다. 잠재 고객층에게 자신의 개성을 뽐내고 새로운 사업으로 연결할 수 있는 기회이기도 한 것이다.

## 6. 소셜미디어 활용하기

소셜미디어는 브랜드를 알리는 강력한 도구이다. 고객층이 소셜미디어를 어떻게 활용하고 있으며, 그들에게 어떻게 접근할 것인가를 계속 생각해야 한다. (6장 소셜 네트워크 서비스에 올라타기 참조)

## 7. 글쓰기

결국 자신을 브랜딩하는 일은 자기만의 정체성을 세우고, 상대방을 설득해 가는 과정이다. 자신의 생각을 정리하고 개성 있게 스토리를 만드는 과정에서 글쓰기는 아주 좋은 방법이다. 그 자체만으로도 특별한 인상과 느낌으로 차별성을 갖는다. 소셜미디어의 차고 넘쳐나는 화려한 이미지와 출처도 불분명한 링크와 해시태그들 사이에서 자신만의 생각이 담긴 글은 더욱 빛을 발하게 된다.

## 활용하기 좋은 도구들

프리랜서나 스튜디오나 에이전시 모두 셀프 프로모션을 어떻게든 시작해야 한다. 어떤 분야에서 일을 하든 마찬가지다. 그 시작에 도움이 되는 항목들은 무엇일까?

**1. 명함**

잘 만든 명함은 네트워크 구축의 든든한 기반이 된다. 예산이 충분해서 색다른 명함을 제작한다면 시선을 모으는데 더없이 좋을 것이다. 자신의 정체성을 선보이는 이미지의 첫인상이다. 동시에 오래도록 자신을 알리는 정보인 만큼 독특한 비주얼 못지않게 메시지가 뚜렷해야 한다. 이름이나 연락처와 이메일 주소 등 기본 정보를 명료하게 전달해야 하는 만큼 글씨가 작아 불편함을 주는 일은 첫째로 삼가야 한다.

**2. 엽서**

엽서는 가장 단순한 홍보물이면서 때론 가장 놀라운 성과를 보여주기도 한다. 저비용으로 제작할 수 있을 뿐만 아니라 자신만의 독특한 손 그림이나 이미지들을 선보일 수 있으며, 성의 있는 감성으로 다가간다. 크리에이터나 젊은 고객층들에게 전하면 결과가 특히 좋을 것이다. 이를 수집하는 이들도 많은데, 그들은 적당한 새로운 이슈가 있을 때까지 엽서를 사무실 벽에 장식해 둘 것이다.

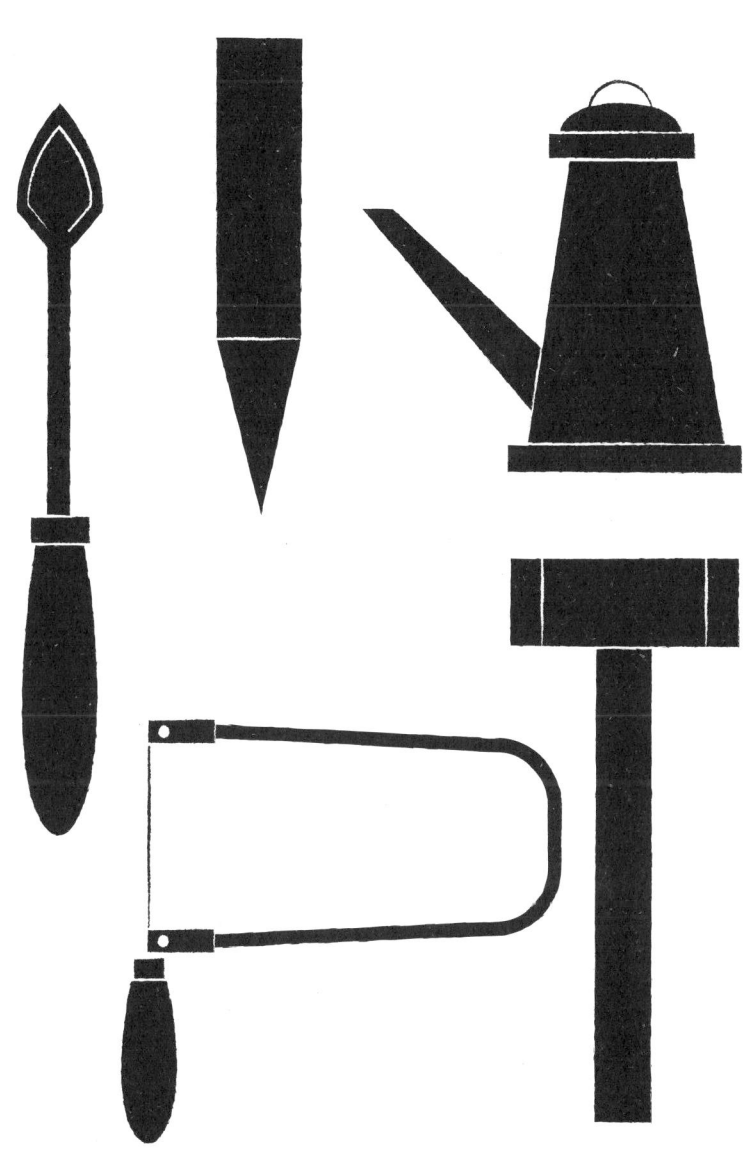

### 3. 포스터

포스터 역시 훌륭한 홍보물이다. 자신만의 감성을 잘 드러낼 수 있는 보다 적극적인 수단이다. 고품질로 제작하면 소장 가치도 생기고 더불어 판매까지 이어질 수도 있다.

### 4. 전자 뉴스레터

잘 정리된 전자 뉴스레터는 매우 가치 있는 홍보 수단이다. 간결할수록 좋고, 오탈자 없는 문장에 신경 써야 한다. 뉴스레터의 효과를 높일 방법을 다음 2장에서 참고할 수 있다.

### 5. 아이패드

자신의 작업이 디지털이나 영상물에 치중되어 있거나, 이동이 많은 사람이라면 아이패드나 태블릿 PC 등 휴대용 기기가 필요하다. 자신의 포트폴리오를 직접 보여주는 역동성과 함께 첨단 기기를 사용하여 스마트한 분위기를 연출해 보일 수 있다.

### 6. DSLR 카메라

자신의 결과물이 가장 강력한 홍보 수단인 만큼 시간을 들여서 제일 멋있게 보이도록 촬영해야 한다. 촬영할 때 조명과 색상, 배경에도 신경을 써야 한다. 전문가다운 모습을 보여줄 수 있다. 요즘은 스마트폰의 해상도가 웬만한 DSLR 카메라 성능에 못지않아 이를 잘 활용하는 것도 방법이다. 동영상을 촬영하여 활용하는 방법도 요즘 소셜미디어 세계에서 주목도를 높인다.

## 7. 포토 스튜디오

사진 촬영과 관련해 조명과 배경 및 반사판 등의 활용을 적극적으로 고려해야 한다. 이 경우 개인이나 소규모 스튜디오에서 쉽고 간편히 활용할 수 있는 미니 포토 스튜디오는 매우 유용하다. 값도 10만 원대로 비교적 저렴해서 투자할 가치가 충분하다.

# 해야 할 것과 하지 말아야 할 것

<u>해야 할 것</u>

**1. 일관성 지키기**

자신을 브랜딩하는데 있어서 가장 중요한 지점이다. 일관성을 잃으면 전하고자 하는 메시지가 흐려지고 혼란스러워진다. 그래서 한번 시작한 일은 오래 지속해야 한다. 무엇이든 쌓여야만 형태이든 메시지이든 스토리로 사람들 사이에 퍼질 수 있다.

**2. 유연하게 디자인하기**

시간이 흐름에 따라 점차 진화할 브랜드를 가지는 것은 필수적이다. 로고나 심볼은 일관되어야 하고, 쉽게 알아볼 수 있어야 하며, 유연하게 다룰 수 있어야 한다. PC와 모바일 양쪽 플랫폼에서 모두 자유롭게 활용되는가? 앱 아이콘으로도 적용할 수 있는가? 아니면 부차적인 로고나 심볼이 따로 필요한가? 이런 질문들을 디자인하는 과정에서부터 체크해 나간다면 더 나은 브랜드를 만들어갈 수 있다.

**3. 좋은 인쇄업자 찾기**

인쇄 홍보물을 많이 필요로 하는 경우라면 믿고 맡길 수 있는 인쇄업체를 찾는 것이 매우 중요하다. 한 인쇄소에서 모든 브랜드 물품을 맡아서 처리한다면 그들은 자신이 원하는 방향을 잘 파악할 수 있을뿐더러 좀 더 저렴하게 만들 수도 있다.

### 4. 온라인 쇼핑몰 만들기

온라인 쇼핑몰을 통해 자기만의 브랜드 상품과 인쇄물을 만들어 판매할 수 있다면 인지도를 더욱 성공적으로 높일 수 있다. 좋은 브랜드라면 이 과정을 재빨리 진행해야 한다. 아니면 적합한 브랜드 쇼핑몰에 입점시킬 수도 있다.

### 5. 쇼룸 만들기

스튜디오 한쪽 구석을 쇼룸으로 활용하여 사람들을 끌어들이는 것도 적극적인 방법이다. 자신의 작업물을 전시하여 보여주는 동시에 브랜드 스토리로 퍼뜨릴 수 있다. 좋아하는 취향의 테마 수집품을 소개하는 코너는 어떤가?

### 6. 실시간 업데이트하기

모든 브랜드와 스토리는 업데이트가 필요하다. 여기에선 누구도 예외가 없다. 블로그와 소셜미디어 등 보유한 채널을 동시에 업데이트해야 한다. 더 나아가 가벼운 파티를 이따금 여는 것은 어떤가?

## 하지 말아야 할 것

### 1. 계정을 여러 개로 분리하지 말자

브랜드 계정은 소셜미디어 채널 하나에 한 개만 만들어서 잘 관리하도록 한다. 블로그도 마찬가지다. 많을수록 일이 되고 제대로 관리할 수도 없다. 선택과 집중이 필요하다.

### 2. 인지도를 망치지 말자

항상 전문가답게 행동해야 한다. 오프라인과 온라인 모두 마찬가지다. 브랜드 평판을 깎아 먹지 않도록 조심하자. 넘치는 것은 언제나 부족함만 못하다.

### 3. 조바심을 내지 말자

디자이너나 아티스트의 경우 자신의 포트폴리오와 작품 스타일이 강렬하다면 로고를 사용하거나 그것을 대표할 다른 아이덴티티를 찾으려고 조바심을 낼 필요가 없다. 자신의 작품이나 결과물이 곧 브랜드이며, 그보다 더 좋을 수는 없다.

### 4. 로고를 남용하지 말자

로고를 절대 남용하지 말자. 다른 사람이 함부로 사용하는 일도 없게 하자. 자신의 정체성을 해칠 수 있는 용처나 용도로 사용될 경우를 생각해 보자. 브랜드 사용에 대한 나름의 지침을 세우면 로고를 올바르게 사용할 수 있다.

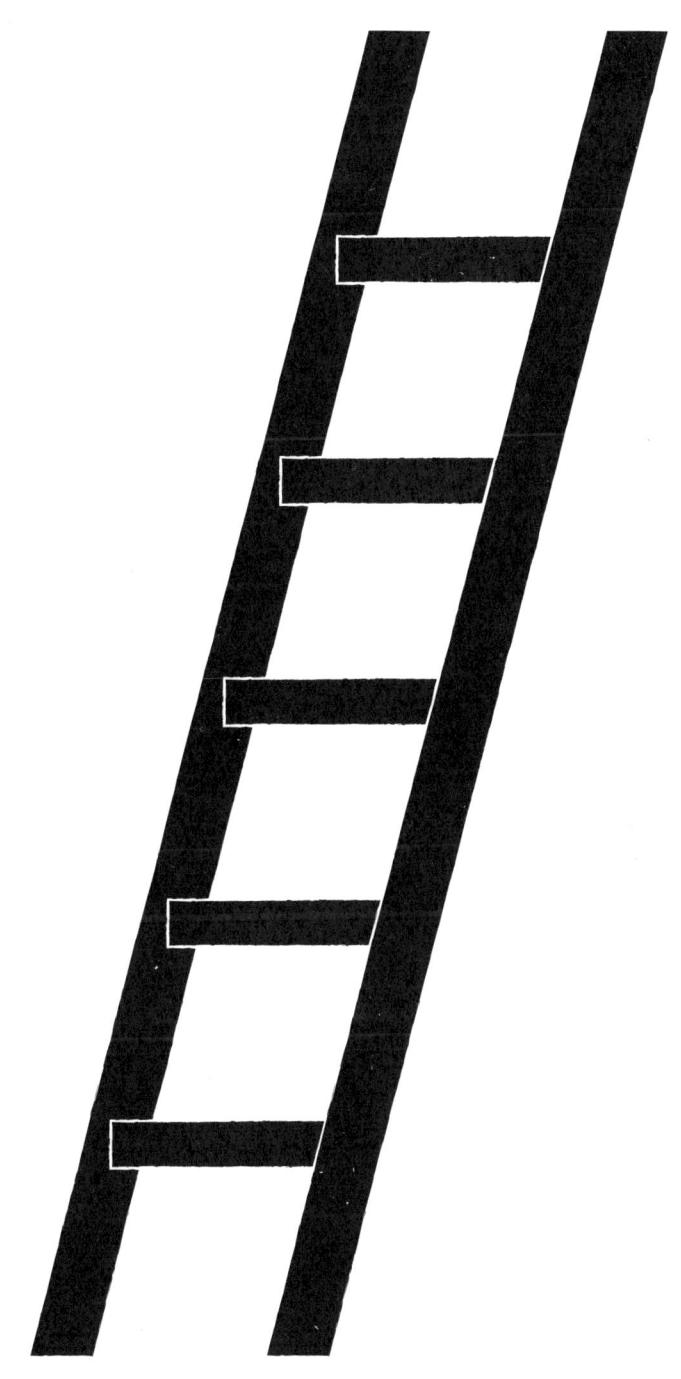

### 전문가 조언 1

## '축구를 좋아하는 디자이너'라는 브랜드

김선관 / 구글 크리에이티브 리더

축구를 좋아하는 디자이너. 구글 10년, 디자이너 18년 차. 전 세계에서 7번째 비주얼 디자이너로 합류, 비밀 프로젝트 스컹크웍스에 참여해 구글의 첫 번째 비주얼 디자인을 완성했다. 나이앤틱 랩에서 포켓몬 고 프로젝트까지 참여하고 지금은 구글 클라우드 서비스에서 크리에이티브 리더로 비주얼 디자인을 총괄하고 있다. 두 권의 축구 디자인 여행 연작 『꼭괭이 싸커홀릭』을 출간했고, 최근 축구 채팅 앱 '축빠'를 론칭했다.

www.pickplus.co.kr

꾸준히 해오던 것들이 그 자체로 브랜드가 된 것 같다. '축구를 좋아하는 디자이너가 되고 싶다'고 말하는 것도 브랜딩이다. 좋아하는 것에 대해 디자인으로 뭔가를 계속 만들어 왔고, 생각을 계속하는 것 자체가 브랜딩이다. 자신을 브랜딩하는 가장 좋은 방법은 자신을 잘 표현할 수 있는 형식으로 계속 표현해 나가는 것이다.

자신을 표현할 수 있는 작업을 해보는 시간을 계속 가져보고, 그것을 브랜드화시킬 수 있는 형식으로 사람들에게 표현해보는 것이 좋은 학습방법이다. 보통은 자기만의 포트폴리오를 만드는 것으로 그치는데, 자신을 하나의 콘텐트로 삼아 프로젝트를 해볼 수 있는 방식으로 접근하는 것이다.

그런 경험을 통해서 퍼져나갈 수 있는 아이디어들이 계속 생기게 된다. 가령, '나'로부터 시작한다면 나와 다른 것과 연결해 작업을 해보고, 또 거기에 새로운 것을 입혀보고, 또 다른 스토리를 만들어 보는 식으로 계속 확장해 나가는 것이다.

자신의 관심사를 꾸준히 해나가는 것이 결국은 또 다른 무언가를 해볼 기회로 연결될 수 있다. 축구에 대한 관심으로 다양한 활동을 계속 이어나갈 수 있는 것도 그런 맥락에서 가능한 것이다. 초기부터 나에 대한 연구를 통해 계속 다르게 해석하고 어필하던 바탕이 있었기 때문에 몸에 흐르고 있다. 결국 브랜드란 나를 만드는 것이다. 그것을 꾸준히 알려 나가는 것이 브랜딩이고.

**전문가 조언 2**

# 진정성의 실체가 브랜드를 이끈다

최장순 / 브랜딩 전문가

브랜딩 분야의 전문가이자 엘레멘트컴퍼니(LMNT Company) 공동대표이고 크리에이티브 디렉터로 활동하는 최장순이 자신을 브랜딩하는 팁을 알려준다. 저서로는 『본질의 발견』을 출간했다.

www.brandiator.com

<u>자신을 브랜딩하는 기본기 3가지</u>

**1. 전문성**

만일 프리랜서로 독립하고자 한다면 첫 번째로 중요한 것은 '전문성'이다. 과연 일을 원활하게 수행할 수 있는지, 그럴 만한 능력이 되는지가 중요하다. 하지만 이것만으로는 자신을 '판매'하기가 쉽지 않다. 창의적인 생태계에서는 실력 있는 전문가가 너무 많다.

**2. 셀프 콘셉트**

그래서, 두 번째로는 '셀프 콘셉트'가 필요하다. 프리랜서로 활동하려면 실력은 기본이고, 자신을 남들과 차별화시키기 위한 전략적인 마인드가 필요하다. 예를 들어 '전략적인 마인드가 있는 사람'은 그냥 '실력 있는 사람'과 분명 다르다. 전략적인 마인드가 바로 셀프 콘셉트이다. 그 콘셉트가 얼마나 진정성 있고 유니크한가? 이것이 프리랜서를 선택할 수 있는 중요한 기준점이다. 하지만 이것만으로 충분할까?

### 3. 신뢰감

프리랜서라면 조직적 성향과는 다른 캐릭터를 지닌 사람들이 많다. 그래서 기본적으로 조직의 일을 잘 수행할 수 있다는 '믿음'을 줄 수 있어야 한다. 클라이언트의 관심은 프리랜서가 무슨 일을 해 왔는지, 앞으로 어떤 일을 할 수 있는지, 또 업무를 순조롭게 처리할 수 있는지(속된 말로 일하다가 어려워지면 '잠수 타는' 사람들이 많다)를 보게 된다. 그러므로 자신의 역량과 진정성을 어필하는 게 무엇보다 중요하다.

전문성, 셀프 콘셉트, 신뢰감의 3가지가 명확히 확립돼 있다면 프리랜서로서 자신을 브랜딩하기 위한 기본기를 갖춘 셈이다. 전문가이기에 보다 더 명확한 잣대로 요구되는 3가지 덕목은 누구에게도 쓸모가 있다.

## 활용할 수 있는 방법 3가지

### 1. 온라인 네트워크 채널

블로그와 소셜 네트워크(페이스북, 인스타그램, 링크드인 등)를 활용하는 것은 비용대비 요율성이 매우 높다. 이들 채널은 매우 강력한 네트워킹 플랫폼이다. 가까운 지인으로부터 팔로워를 점점 늘려가도록 해야 한다.

### 2. 강의

자신의 역량을 보여줄 수 있는 모든 곳에서 강연 및 강의를 진행하는 게 좋다. 우호적인 팬층을 형성하고, 자신을 더욱 전문가로 인식시켜 줄 것이다. 그런 가운데서 네트워크가 형성되고, 새로운 가능성과 기회가 마련된다. 단, 전문 영역은 대중을 상대로 하는 비즈니스가 아니라 B2B 비즈니스이므로 자신의 영역에 국한된 셀프 브랜딩이 더욱 효과적이다.

### 3. 명함

명함을 만들 때 적절히 활용할 수 있도록 여러 버전으로 만드는 것도 한 방법이다. 나의 경우는 명함이 4개 정도가 있다. 명함을 주는 행위 자체에서도 많은 이야기를 만들어낼 수 있는 디자인이라면 더욱 클라이언트에게 각인되기가 쉽다.

## 명심해야 할 사항 2가지

### 1. 일관성과 지속성

스티브 잡스는 셀프 브랜딩을 아주 잘한 대표적인 사례로 꼽힌다. 검은색의 터틀넥과 청바지와 뉴발란스라는 표면적인 이미지뿐만이 아니다. 의도했든 의도치 않았든 간에 자기만의 철학을 확실히 각인시킬 수 있는 독특한 활동들을 일관성 있게 보여주었다. 즉 성공적인 브랜딩의 바탕에는 항상 일관성과 지속성이 있다.

### 2. 진정성 있는 실체

기본적으로는 자기만의 차별점, 즉 '셀프 콘셉트'를 먼저 찾아야 한다. 사실 알려지는 건 시간문제이다. 많은 사람이 효과적으로 자신을 알리는 수단에만 관심을 갖는다. 하지만 중요한 건 도구가 아니라 실체이다. 포장을 위한 도구가 실체를 넘어설 때 셀프 브랜딩의 진정성은 사라진다. 진정성 있는 실체(전문성, 셀프 콘셉트, 신뢰감)가 먼저 구축된다면 나머지는 저절로 이루어진다.

## 케이스 스터디 1

# 배민다움의 브랜딩은?

이 책 『'나'라는 브랜드』가 독자들에게 전하고자 하는 메시지는 '자신을 브랜딩하고 알리기'이다. 이 관점에서 이야기하고자 할 때, 배달의민족 김봉진 대표를 인터뷰한 『배민다움』(홍성태 저, 북스톤 간)의 이야기가 딱 맞아떨어졌다. 그래서 몇 가지 공통된 메시지를 따와 의견을 덧붙여 재구성한다. 그 과정에서 오해의 소지가 생긴다면 전적으로 이 책의 편집자에게 책임이 있다. 『배민다움』의 독서 후기쯤으로 생각하고 편안히 대해주면 하는 바람이다. (편집자 주)

'품질'을 높이는 데 사람들은 힘을 쏟는다. 하지만 품질이 상향 평준화된 이 시대에는 '자기다움'의 문화적인 정체성으로 만들어지는 브랜드에 성패가 갈린다. 그래서 '다름'의 차별화를 만들어내고, 이것을 일관되게 유지해야 한다. 고유한 자기만의 스토리를 만들어 내야 하고, 이를 널리 알려야 한다. 그 과정이 브랜딩이고, 그 결과가 자기만의 브랜드가 된다. 그러면 사람들이 이야기를 시작할 것이고, 점점 입소문으로 퍼지게 될 것이다. 그러기 위해서는 스스로 끊임없이 자신에게 질문해야 한다. 그 다름에 대하여.

## 배민 코드를 실어 나르는 서체와 증정품

배민다움은 광고 카피와 증정품에서 절정을 이룬다. 일관된 문화의 메시지에서 말이다. 새해에는 '다 때가 있다'는 문구가 인쇄된 하얀 때수건을 주었고, 신학기에는 '칙칙한 복학생'을 위해 키높이 깔창과 비비크림을 선물했다. 그 의외성과 기발함에 사람들이 열광적으로 반응했다. 팬덤이 만들어졌고, 입소문으로 퍼졌다.

브랜드를 어떻게 만드는 거지? 어떻게 내가 브랜드가 될 수 있지? 라고 생각한다면 배민스러움을 떠올려보면 어떨까? 회사명이 없이도 누구나 배민스러움을 쉽게 구별한다. 조형적으로도 미적으로도 좋다고는 말할 수 없는 서체 시스템이 그렇다. 투박한 글자로 재밌는 카피를 만들어 도배한다. 그리고 이런 배민의 코드를 엉뚱한 증정품으로 실어 나른다.

**"현대카드도 브랜드를 만들었는데~"**

브랜드를 얘기할 때 사례로 드는 김봉진 대표의 말이다. 단지 결제 수단인 신용카드 중 하나일 뿐으로 거기에 뭐가 더 있겠는가, 라는 의미다. 하지만 현대카드는 '금융을 바꾼다'는 캐치프레이즈로 브랜드를 만들어 냈다. 현대카드다운 스토리의 문화를 입혔다. 그 과정의 초기에 만든 현대카드 서체 디자인은 '다름'과 '다움'을 동시에 확실히 보여주는 중요한 몫을 했다.

네이버는 또 어떤가? 이전에 사람들이 '검색 바'라고 부르던 것을 이미지로 치환하여 '검색창, 그린 윈도우'라는 하나의 브랜드로 만들어냈다. 대동강 물을 팔아먹은 봉이 김선달을 벌떡 일으켜 세울 일이다. 네이버와 다음의 차이는 기술이 아니라 브랜드라고 할 수 있다.

## 할 일은 실천하는 것

그렇다면 이제 할 일은 무엇인가? 안티 광고로 유명한 암스테르담의 광고사 케셀스크라머가 만든 청바지 브랜드 디젤의 광고를 떠올려 볼 때다. '더 나은 삶을 위한' 캠페인의 일환으로 제작된 '바보처럼 살자' 편의 바보의 역설이다. '바보는 실패를 하기도 한다. 그러나 똑똑이는 시도조차 않는다.' '바보는 뭐라도 만들려고 하지만 똑똑이는 비평만 한다.' 등등. 이제는 실천해야 할 때다.

브랜딩은 마케팅과 차이가 있다. 마케팅은 단기간의 실적을 목표로 하는 데 반해 브랜딩은 하나씩 차곡차곡 쌓아가는 것이다. 씨를 뿌리고 물을 주고 볕을 쪼이듯이, 그 과정의 스토리를 만들고 정체성을 쌓아 사람들로부터 호감을 불러일으키는 것이다. 그래서 그들이 오래도록 기억하고 좋아하도록 만드는 것이다.

현대카드와 네이버와 배민다움의 사례에서 보듯이 브랜딩의 스토리를 만드는데 디자인은 결정적인 역할을 한다. 오늘날 디자인의 힘은 부가가치가 아닌 '본질의 가치'를 만들어낸다.

케이스 스터디 2

## 모든 작업은 일종의 셀프 브랜딩?

함영훈 / 픽토그래퍼 아티스트

'니모닉'이라는 브랜드와 '픽토그래퍼'라는 용어를 만든 그는 자신을 브랜드화해서 대중에게 이름을 알렸다. 지금은 아티스트이자 디자이너로서 유명 고객들과 다양한 장르에서 왕성하게 활약하고 있다.

www.haamyounghoon.com


픽토그래퍼 아티스트 함영훈은 자신을 알리기 위해 '니모닉(Mnemonic)'이라는 브랜드를 만들었다. '쉽게 기억되는 성질'이라는 컴퓨터 용어에서 따왔다. 그 이전에는 사이트를 만들어 '픽토그램을 만드는 아티스트'라고 홍보했다. 자신을 브랜딩해서 사람들과 직접 소통하고 싶다는 생각으로 이어졌다.

니모닉을 브랜드명으로 하여 자신의 그림이 들어간 노트나 티셔츠 등의 제품을 만들어 판매했다. "스토리가 있는 제품을 만들었어요. 그림을 그리는 내면의 경험을 이야기로 만들어 상품화한 거죠. 브랜드와 스토리라인, 그리고 제품이 함께 있도록 말이죠."

스토리가 있는 그림을 그리기 시작하면서 전시할 기회가 찾아왔다. 전시를 하면서 '일러스트레이션을 하는 작가'라는 타이틀까지 얻었다. 이를 더욱 밀어붙여 '픽토그래퍼'라는 브랜드를 만들어 포지셔닝하기 시작했다. 그 결과 신세계, 네이버, 아디다스 등 큰 기업들과 콜라보레이션하는 작업으로 이어졌다.

뿐만이 아니다. 자기 스스로 스타일을 규정하고 개인 브랜드로 확장시켜 나간 결과는 회사에 취업할 때도, 입사하고 나서도 지속해서 큰 도움이 되었다. "실제로 개인 브랜드 작업으로 만든 포트폴리오로 네이버에 별 어려움 없이 입사했어요."

**자신만의 스타일을 계속 만들어 내는 것**

스스로 브랜드를 만들기에 앞서 자신이 어떤 성향의 사람인가를 파악하는 게 중요하다, 라고 그는 말했다. "일반적으로 디자이너는 클라이언트를 위해 디자인을 하는 사람입니다. 반면에 작가 성향의 디자이너는 자신의 스타일로 클라이언트를 위한 디자인을 하는 사람이지요. 후자의 경우는 남들이 뭐라고 말하든 자신을 위한 작업을 먼저 하는 사람이에요." 이렇게 볼 때 스스로를 작가 성향의 디자이너라고 말하는 함영훈은 회사에 다니면서도 개인 작업을 꾸준히 이어갔다. 이러한 작업을 통해 자신만의 스타일을 발견할 수 있었다.

"나의 모든 작업은 동시에 일종의 셀프 브랜딩 같기도 해요. 그 작업이야말로 이야기를 계속 만들어 내는 것이고, 그 과정에서 어떻게 포지셔닝을 해야 한다는 전략을 짜게 하잖아요."

케이스 스터디 3

## "개인이 아닌 스튜디오로 알고 있어요"

마이크 설리반 / 프리랜서

브랜딩 작업은 마이크 설리반을 확 바꿔놓았다. 그는 여러 어워드를 수상한 스튜디오 미스터의 창립자이자 크리에이티브 디렉터이다.

www.studiomister.com

일을 처음 시작했을 때, 마이크 설리반은 '미스터'라는 이름으로 혼자서 일했다. 2004년부터 일을 시작한 그는 업계에 발을 들여놓은 초기에 이름을 알리는 데 시간이 꽤 걸렸다고 회상했다. '스튜디오 미스터'라는 이름을 브랜드로 쓰게 된 계기는 www.studiomister.com라는 URL 주소를 사용하면서 비롯됐다. 시간이 흐르고 포트폴리오와 고객 목록이 늘면서 스튜디오 미스터라는 이름은 점점 널리 알려졌다. 업계 사람들은 마이크 설리반을 개인 프리랜서가 아닌 팀을 갖춘 스튜디오로 인식하는 것이다. "그런 활동이 참 많은 도움이 되었습니다. 현재 업무의 80퍼센트가 협업을 통해 이뤄지고 있는데, 사람들이 저를 개인이 아닌 스튜디오로 알고 있어서 인맥과 신뢰를 수월하게 구축할 수 있었어요."

**일관된 태도의 작업 스타일, 브랜드**

프리랜서가 아닌 스튜디오로 브랜딩하자 그에게 놀라운 일이 생졌다. "브랜딩은 닉네임을 사용하는 것과는 조금 차이가 있다고 생각합니다. 닉네임은 어딘가 개인적이고 독립적인 느낌이에요. 하지만 하나의 브랜드가 완성되면 여기에 연관된 작업은 보다 많은 것들을 보여줄 수 있게 됩니다. 저는 제 작업 스타일이 브랜드가 갖는 일관된 자세와 태도에 반영되어 있다고 생각해요. 강렬하고, 대담하며, 개성적이죠."

브랜딩은 프리랜서에게 특히 필요하다고 설리번은 말한다. "브랜드는 메시지를 간결하게 전달하고 확고한 신뢰감을 줍니다. 이것은 장기적으로 봤을 때 충성도를 높이는 역할을 해요. 어떻게 알려지느냐가 관건인데, 브랜드를 만들고 싶다면 계속해서 그것에 대해 논의하면서 인지도를 차근차근 쌓아가세요. 길게 봤을 때 정말 가치 있는 일입니다." 마지막으로 그는 이렇게 덧붙인다. "우리는 겉모습의 평가에서 자유로울 수 없습니다. 어느 업계이든 마찬가지죠."

## 챕터 요약

1. 브랜딩에 꼭 끝내주는 로고나 잘 빠진 문구류 홍보물이 들어갈 필요는 없다. 브랜딩의 핵심은 자신이 창조한 작품이나 서비스 등 어떤 결과물의 품질과 전문가다운 자세에 있다.

2. 브랜딩의 범위를 어떻게 정하든 간에 본인 소개와 가능한 업무 설명, 작업했던 고객에 대한 안내를 잘해야 한다. 그래야 메시지가 분명하게 전달되어 더 많은 주문을 받는데 도움이 된다.

3. 세 가지 요소를 갖춘 브랜드가 강력한 브랜드이다. 명료성, 일관성, 지속성이다. 이 세 가지 원칙을 잘 지키면 기억에서 사라지지 않을 것이다.

4. 로고나 심볼을 잘 만들면 자신의 메시지를 잠재 고객층에게 시각적으로 강렬하게 전달할 수 있다. 또한, 여러 분야의 작품이나 서비스에 통일감을 부여한다.

5. 브랜드를 알리기 위해서는 명함과 좋은 포트폴리오 사이트와 개성 있는 소셜 네트워크가 필요하다. 금전적으로 여유가 있다면 디지털카메라와 미니 포토 스튜디오 등에 투자하자. 홍보물의 질이 놀라울 만큼 좋아질 것이며, 디지털 매체에 더 멋지게 노출할 수 있다.

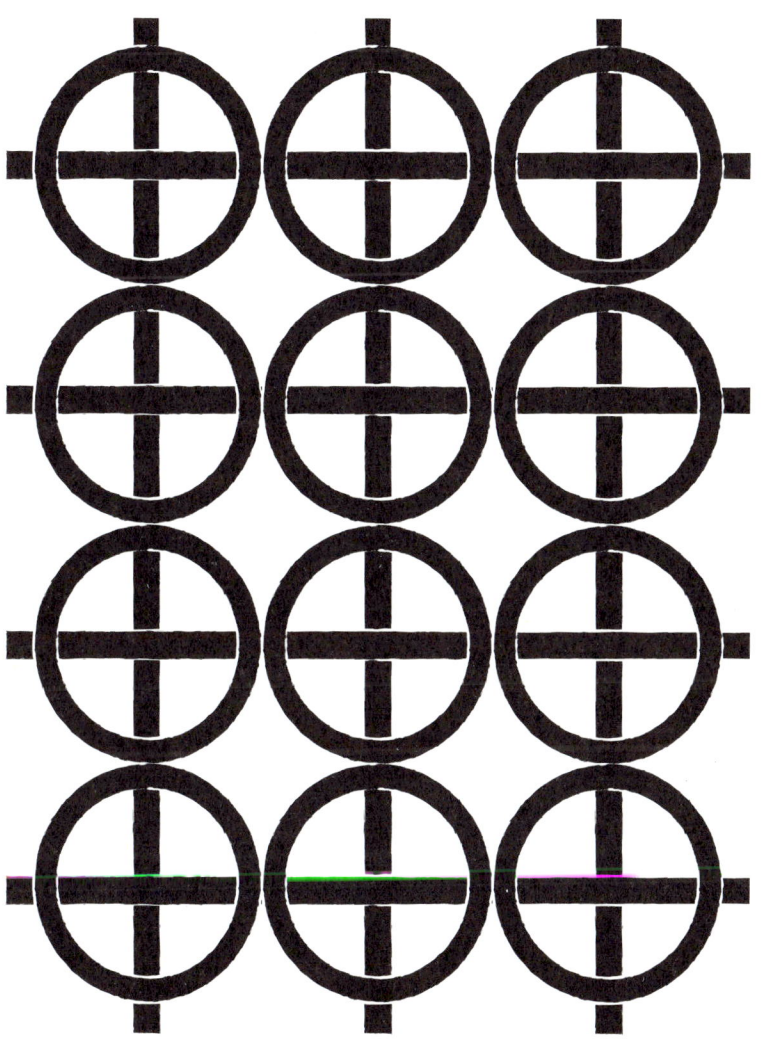

온라인에서 얼굴을 보여준다는 것은
나를 세상에 내놓는 시도이며,
서로 친해지자는 의미다.

실제로 만나는 셈이고,
대화를 나누고 싶은 마음이 들게 한다.

# 2장
# 디지털 세계에 진출하기

자신을 브랜딩하는 셀프 프로모션은 오늘날 사회에서 빼놓을 수 없는 요소이다. 고객의 수를 늘리고, 새로운 일을 의뢰받고, 지속 가능한 기업으로 성장하기 위해서는 말이다. 개인의 경우도 자신을 성장시키기 위한 자기계발의 일환에서 마찬가지다. 결과물이 뛰어나고 함께 일하고 싶다는 입소문을 타는 것이 무엇보다 좋겠지만 온라인 공간에서 셀프 프로모션을 벌이는 것도 비즈니스 환경을 개선하는데 강력하고 비용대비 효율성이 높은 수단이 되어줄 것이다.

어떻게 하면 디지털 세계에 잘 뛰어들 수 있을까? 온라인 명함이 있어야 한다는 사실은 말할 필요도 없다. 이는 자신을 효과적으로 알릴 수 있는 네트워크 채널이다. 아주 단순한 페이지 히니로 만들 수도 있고, 많은 결과물로 화려하게 채운 포트폴리오 사이트로 꾸밀 수도 있다. 어느 쪽이든 온라인에 존재감을 드러내는 것이 필수이다.

# 멋있는 웹사이트 꾸미기

사이트를 방문한 잠재 고객의 관심을 끌 수 있는 시간은 약 7초 정도이다. 그 7초를 최대한 활용해야 한다. 어떻게 해야 단 7초 안에 방문자의 시선을 사로잡을 수 있을까? 그 방문객을 새로운 고객으로 전환하려면 어떻게 해야 할까?

## 1. 모바일을 공략하자

워드프레스, 웍스(Wix), 아임웹(Imweb), 스퀘어 스페이스(Squarespace) 등 설치형 웹 페이지 제작 관리 시스템(CMS)은 반응형으로 모바일 버전을 제공한다. 웹 빌더라고 하는 이런 저작 도구를 활용한다면 자신의 웹사이트를 적은 비용으로 손쉽게 태블릿이나 모바일에서도 PC와 같이 보이고 작동하도록 만들 수 있다. 잠재 고객들에게 큰 점수를 딸 것이다. 쇼핑몰을 운영하고자 한다면 식스샵(Six shop)을 고려해 볼 수 있다.

## 2. 목적은 자신을 알리는 것

잠재 고객층이 찾은 사이트가 누구 것인지 빠르고 분명하게 알리는 것이 제일 중요한 원칙이다. 찾아오는 사람들에게 자신이 누구이고, 어떤 일을 하는지 큰소리로 알린다고 상상하면서 사이트를 설계해야 한다. 만일 자신이 좋아하는 일만 잔뜩 적어 놓고, 이름이나 연락처를 찾을 수 없다면 고객들에게 그저 좌절만 안겨줄 뿐이다. 결과물이 아무리 훌륭해도 자신이 누구이고 무엇을 하는지 분명하지 않다면 대부분의 방문자는 그걸 알아내려고 애

2장 디지털 세계에 진출하기 51

써 찾아다니지 않을 것이다.

### 3. 자신을 브랜드로 판매하기

방문자의 관심을 끌었다면 자신을 브랜드로 판매해 보자. 자기 일과 기량을 분명히 보여주자는 뜻이다. '자기소개' 페이지는 자신에 대한 브랜드 메시지를 전달할 수 있는 중요한 공간이다. 방문자들은 촘촘하고 긴 텍스트보다 짧고 강렬한 문구와 이미지에 더 직접 반응한다. 만약 200단어의 긴 자기소개라면, 이것부터 당장 지워 버려야 한다.

### 4. 세부 내용까지 챙기자

자신의 결과물이 스스로 말하게 하는 것도 중요하지만 아무런 설명 없이 이미지만 올려서는 안 된다. 각각의 작업물에 대한 흥미로운 정보를 최대한 제공해야 한다. 이 결과물은 누가 의뢰했나, 언제 작업했나, 흥미로운 점이나 어려웠던 점은 무엇이고, 그 이유는? 이와 같은 스토리를 게재해야 한다.

### 5. 새로운 내용으로 업데이트하자

잠재 고객이 자신의 사이트를 즐겨찾기에 등록하고, 자주 방문하길 원한다면 꾸준히 내용을 업데이트해야 한다. 포트폴리오를 업데이트하는데 시간이 다소 걸리더라도 작업했던 결과물이나 다른 흥미로운 주제들을 계속 올려서 사이트의 신선도를 유지해야 한다.

## 6. 다양한 이미지 올리기

프로젝트마다 한 개 이상의 이미지를 올리는 것이 중요하다. 각각의 프로젝트 사이트를 따로 링크하더라도 마찬가지이다. 그러면 방문자들이 자신의 사이트에 오래 머물 수 있고, 자신이 원하는 방향으로 관심을 갖게 될 것이다.

## 7. 동영상을 삽입하자

동영상은 방문객의 관심을 끌고 사이트에 보다 오랫동안 머물게 만드는 효과적인 방법이다. 그 동영상이 훌륭할 경우라면 자신도 모르는 사이에 입소문으로 퍼진다.

## 8. 독립된 도메인을 사용하자

자기만의 고유한 도메인을 구매하여 사용하자. 네이버 블로그에서도 독립된 개인 도메인으로 사용한다면 더욱 전문가다운 인상을 심어줄 것이다. 이메일 주소 역시 네이버, 다음, 구글 등이 아닌 독립 메일을 사용하면 더 좋은 인상을 줄 것이다. 도메인을 등록하기 전에 그 도메인이 단순하고 명확하며 기억하기 쉬운지를 다시 한번 확인해야 한다.

## 9. 완성이란 없다

마지막으로 이것을 기억하자. 다듬고, 다듬고, 또 다듬을 것! 그래야 늘 더 나은 상태를 유지할 수 있다. 지속적인 업데이트를 통해 사이트를 항상 기능적이며 시기에 맞게 발전시키도록 해야 한다. 사람들이 시대에 뒤떨어진 사이트를 원하지는 않을 테니까.

## 검색 엔진 최적화

기왕 보여주기 위한 일이라면 더 많은 사람에게 노출되어야 한다. 그러기 위해서는 네이버나 구글을 비롯한 각종 온라인 채널의 검색 엔진에서 상위로 검색되어야 한다. 이를 위해 검색이 잘 되도록 검색 엔진을 최적화할 필요가 있다. 그 과정은 까다롭다. 어떻게 하면 수많은 웹사이트 중에서 자신의 사이트를 돋보이도록 할 수 있을까?

**1. 자료 조사하기**

웹사이트를 개선하거나 링크를 걸기 전에 자료 조사를 먼저 해야 한다. 자신의 사이트에 방문하기를 원하는 잠재 고객층을 토대로 목표 검색어(키워드)를 설정한다. 이 검색어에 얼마나 많은 트래픽이 발생하고, 경쟁이 치열한지를 파악하여 결정한다.

**2. 현실성 있는 계획**

방문자를 구매로 이끌거나, 잠재 고객층을 끌어들일 수 있는 관련 검색어가 필요하다는 사실을 반드시 기억해야 한다. 많은 트래픽이 항상 좋은 것만은 아니다. 방문자를 늘리는 것에 집중하지 말자. 그보다는 분야를 구체적으로 설정한 후, 자신의 스타일과 연관이 깊은 단어들로 정하는 것이 중요하다.

**3. 올바른 도구 사용**

네이버 키워드 스테이션이나 구글 키워드 툴을 적극적으로 활용

한다. 온라인 마케터들에게는 필수적인 도구로, 자기 분야의 관련 검색어와 매달 발생하는 검색 건수를 확인할 수 있다. 여기에서는 지역과 분야를 다르게 설정하여 확인하는 것도 가능하다. 이 결과를 토대로 검색어에 적용해보고 결과를 관찰하자.

### 4. 경쟁자 확인하기

다른 경쟁 사이트들을 찾아보고, 그 사이트들이 어떤 검색어에 최적화되어 있는지를 확인해 볼 수도 있다. 또한, 그들의 사이트를 검토하고, 비슷한 기술을 적용해 보는 것도 좋다. 아주 단순하지만 매우 유용한 요령이다.

### 5. 사이트 최적화하기

목표 검색어를 정했다면, 그것에 맞게 사이트 내용과 코드를 최적화해야 한다. 사이트를 구성하는 방식과 게재되는 내용은 네이버나 구글 등의 검색 엔진이 자기 사이트의 분야를 제대로 판단하여 적절하게 노출하도록 돕는다. 여타 대형 쇼핑몰의 검색엔진에서도 마찬가지다.

### 6. 로딩 속도를 빠르게 하기

웹사이트 로딩 속도는 검색 순위에 큰 영향을 미친다. 방문자의 50%는 페이지 로딩 중에 해당 페이지를 떠난다. 아마존에 따르면 로딩 시간이 0.1초씩 느려질 때마다 1%씩 판매량이 떨어진다고 한다. 구글 페이지 스피드 툴(developers.google.com/speed/)에서는 웹 사이트를 빠르게 만드는 좋은 요령을 무료로 제공한다. PC뿐만 아니라 모바일 환경에서의 로딩 속도 체크와 문제 해결을 돕는다. 간단하게 몇 가지를 손보는 것만으로도 큰 차이를 얻을 수 있다.

### 7. 링크 빌딩

링크 빌딩의 주목표는 외부 링크를 확보하기 위한 것도 있지만 사이트에 유익한 결과를 가져오도록 관계를 잘 조성하는 것이다.

### 8. 계속 추적하고 분석하기

검색 엔진 최적화는 기본적으로 실험과정이라고 할 수 있다. 그러므로 결과를 꾸준히 모니터하는 것이 무엇보다 중요하다. 사이트와 관련된 수치와 방문객 동향을 계속 추적하면 온라인 활동이 얼마나 성공적인지 판단할 지표를 갖게 될 것이다.

# 효과적인 전자 뉴스레터

새로운 소식을 전하는 뉴스레터는 확실히 효과가 있다. 하지만 뉴스레터가 새로운 일감으로 연결될지 아니면 휴지통에 버려질지는 알 수 없다. 효과를 높일 방법을 찾아본다면?

**1. 무엇을 알리고 싶은가?**

새롭게 알릴 수 있는 신선하면서 관심을 끌 만한 내용이 필요하다. 비정기적으로 어떤 작업이 진행 중이고 무엇을 구상하는 중인지 개인적인 내용을 홈페이지 링크와 함께 보낼 수 있다. 아니면 체계를 갖춰 정기적으로 다양한 콘텐트를 구성하여 보낼 수도 있다. 어느 쪽이든 제목을 어떻게 뽑을지, 각 테마들의 순서를 어떻게 배치할지 분명히 정해야 한다.

**2. KISS 법칙**

단순하게 생각하기(Keep It Simple, Stupid) 법칙은 뉴스레터에서도 어김없이 적용된다. 뉴스레터 내용이 복잡하고 지루하며 이해가 어렵다면 휴지통으로 직행하거나 구독이 해지될 수도 있다. 각 테마들의 제목은 명료하고 단순하게 적는다. 우스꽝스러운 말장난은 혼자서 즐기고, 피하길.

**3. 깔끔한 설계**

주요 메시지를 위쪽 혹은 중앙에 내세우고 있는지를 확인해야 한다. 뉴스레터는 실험적인 디자인 아이디어를 테스트하는 공간이

아니라 명료하고 강렬하게 소통을 일으키는 수단이다. 그러므로 목적에 맞게 내용을 쉽게 읽고 둘러볼 수 있도록 깨끗하게 체계를 잡아야 한다.

### 4. 브랜드를 창조하자

스크롤을 내렸을 때 로고가 사라지는 경우를 대비해 브랜드 컬러를 활용하는 것도 방법이다. 가끔은 브랜드의 글씨체를 레터링으로 만들어 써도 좋다. 이러한 과정이 자기만의 독특한 정체성으로 구독자들의 인상에 오래도록 남게 될 것이다.

### 5. 포맷 정하기

HTML을 사용해서 뉴스레터를 만들 생각이라면 테이블 구조로 짜도록 한다. 시대를 역행하는 것처럼 들리겠지만, 이렇게 조언하는 이유는 단순하다. 클라이언트의 시스템 설정을 알 수 없을 때는 흔하게 사용되는 요건에 맞춰 작성해야 하기 때문이다.

### 6. 이미지 활용

사진과 그림을 적극적으로 활용하자. 시각적인 요소는 뉴스레터에서 매우 중요하다. 물론 메시지 전달을 온전히 이미지에 의존해서도 안 된다. 구독자가 이미지만을 통해 제대로 이해할지 장담할 수 없다. 그러므로 모든 이미지에는 설명 문구를 넣고, 글자가 가득한 이미지는 가급적 피한다.

## 7. 융통성 있는 글자 크기

애플리케이션과 기기, 그리고 설정에 따라 글자 크기가 바뀔 수 있다. 그래픽 요소 안에 들어가는 글자 크기는 융통성이 있어야 한다. 양쪽 가장자리에 선을 넣어 빈 공간을 채우는 것도 잊지 말자.

## 8. 외부 링크

구독자들은 먼저 제목과 내용의 첫 줄을 훑어본 후 사이트로 연결되는 링크를 클릭한다. 트래픽을 발생시키는 방법이지만, 동시에 뉴스레터 자체의 용량을 가볍게 줄일 수 있다. 글자가 가득한 뉴스레터는 메시지가 전달되기도 전에 구독자를 지치게 한다.

## 9. 통계와 관리

뉴스레터의 결과를 신중하게 살펴봐야 한다. 뉴스레터 메일 발송으로 사이트 방문객이 늘었는지, 일감 의뢰가 늘었는지, 구독자가 오히려 줄었는지, 불만 사항은 없는지 등을 자세히 들여다봐야 한다. 다 잘 될 거로 생각하지는 말자. 제대로 되는 부분과 그렇지 않은 부분을 잘 파악해서 적절히 대응해야 한다.

## 10. 원칙을 지키자

마지막으로 구독 해지 버튼과 모바일 뷰어 링크를 삽입하자. 스팸 방지규정은 대부분 온라인상에서 세부 내용을 확인할 수 있으니 그 원칙을 지켜야 한다. 원칙을 어기면 결국 구독자를 성가시게 할 뿐이다. 그것을 원하는 사람은 아무도 없다.

## 온라인 브랜드 다듬기

디지털 시대에서 자신의 브랜드를 만들고 지속적으로 관리하고 유지시키는 방법으로 웹사이트만한 것이 없다. 단순히 자신을 알리는 수단에서 더 나아가 개인 브랜드로 역할을 한다. 자신의 고유한 정체성을 오롯이 담아낼 수 있을뿐더러 그 역량까지도 효과적으로 드러낼 수 있기 때문이다.

### 1. 비전을 구체화하자

개인 브랜드로 얻고자 하는 바가 무엇인지를 먼저 정리하자. 더 많은 팬덤을 얻기 위함인가? 돈을 더 벌기 위함인가? 새로운 고객 혹은 새로운 창조적 협업자들을 만나고자 함인가? 이를 알아내야 어떤 프로젝트를 보여줄 것인가 혹은 자신을 어떻게 표현할 것인가 등을 결정하기 위한 단단한 기반을 구축할 수 있다.

### 2. 협업하자

자신의 개인 브랜딩을 누군가와 협업할 기회로 활용해 보는 건 어떨까? 상대는 카피라이터, 개발자, 동료 디자이너 등 누구든지 될 수 있다. 그런 협업을 통해 자신이 하는 일에 대한 참신한 시각을 얻고 기술도 공유할 수 있다.

### 3. 말하지 말고 보여주자

'말하지 말고 보여줘라', 웹사이트를 고객들에게 제공할 수 있는 것이 무엇인지를 보여주는 플랫폼으로 여겨야 한다. 애니메이션

에 정통하다면 각종 클릭 버튼을 애니메이션으로 만들자. 뛰어난 웹디자이너라면 혁신적인 검색 시스템을 고안하자. 자신이 하고 있는 일의 고유한 기술을 보여주는 것이다.

## 4. 피드백을 받자

오래 알고 지낸 고객이 있는가? 그들에게 자신의 브랜드와 웹사이트에 대해 냉정하게 평가해 달라고 요청해 보자. 자신의 작업 방식에 미흡한 부분을 파악하는 것이다. 같은 분야의 선도적인 기업가들에게 자신의 사이트에서 어떤 점이 매력적인지 물어보고, 그 부분을 확장시키자.

## 5. 첫 인상에 집중하자

웹사이트 첫 화면은 자신이 누구인가를 드러낸다는 점에서 자기소개 페이지보다 훨씬 중요하다. 동영상은 시간이 부족한 고객들에게 다양한 프로젝트들을 소개하는 데 특히 효과적인 방법이다. 자신이 재미있고 활동적이든 아니면 학구적인 성격이든, 홈페이지 탐색을 위한 각각의 클릭 버튼에 개성이 스며들도록 하자.

## 6. 작업 과정을 공개하자

어떤 고객들은 포트폴리오 작품만 보고도 만나러 온다. 그러나 대다수의 사람들은 자신이 무엇을 제공할 수 있는지를 구체적으로 알고 싶어 한다. 만일 믿기 힘든 기발한 기술을 보유하고 있다면 구체적인 과정의 이미지를 통해 분명히 드러나도록 해야 한다.

## 7. 자신의 언어를 사용하자

언어는 자신만이 제공할 수 있는 장점들을 고객에게 자세히 설명할 수 있다는 점에서 중요한 수단이다. 스튜디오의 경우, 어떤 목소리를 낼지 고민 중이라면 스튜디오를 특정 인물로 가정하고 접근해 보자. 그가 어떤 모습을 갖추는 게 좋을지 혹은 고객들과 무엇을 어떻게 이야기해야 할지를 떠올려 보는 것이다. 그래도 안심이 되지 않는다면 카피라이터를 고용하자. 언어 창조는 투자할 가치가 있는 일이다.

## 8. 브랜드와 자신을 일치시키자

기발한 애니메이션이 됐든 깔끔한 미니멀리즘이 됐든 개인적인 스타일은 고객이 자신을 찾아오게 만드는 이유가 될 것이다. 따라서 개인 브랜딩의 모든 요소들에서(소셜미디어까지 포함하여) 자신의 스타일을 확실하게 반영해야 한다. 가령, 애인과 멋진 밤을 보내고 있는 사진을 인스타그램에 올리는 것은 톡톡 튀는 젊은 고객들을 확보하는 데에 도움이 될 것이다. 그러나 대기업을 상대로는 그렇지 않다.

## 9. 속임수 판촉은 피하자

아름답지 않거나 유용하지 않은 것은 무엇이 됐든 보내지 말자. 자신의 자발적인 홍보 우편물이 고객에게 어떤 도움이 될 수 있을까를 생각하자. 달력, 노트, 책갈피, 엽서 등이 그 대표적인 것들이다. 품질을 낮출 만한 작업 과정이나 재료는 절대 선택하지 말고, 고객이 소장하고 싶어할 만한 것을 만들자.

# 해야 할 것과 하지 말아야 할 것

<u>해야 할 것</u>

**1. 프로필 완벽하게 적기**

자신의 기량과 관심사, 경력에 대해 철저하고 간결하게 밝히자. 자신을 알리는 것이 목적이라는 사실을 잊지 말자. 이름이나 연락처가 제대로 적혀 있는지도 확인하자.

**2. 현재 상황 업데이트하기**

네트워크에 자신의 존재를 계속 상기시키고, 어떤 일을 하고 있는지 꾸준히 알리자. 그리고 계속 능동적으로 활동하자.

**3. 동료 추천하기**

페이스북, 인스타그램, 링크드인 등 소셜 네트워크에 흔적을 남기면 이웃의 이웃들도 자신을 볼 수 있다. '좋아요' 등의 흔적으로 그들의 팔로워들에게 자신을 알려보자.

**4. 그룹에 참여하기**

자기만의 전문 분야와 관심사에 관련된 그룹을 찾아서 토론에 참여해 보자. 보다 적극적인 흔적 남기기로 참여자들이 자신을 기억할 수 있도록 한다.

하지 말아야 할 것

### 1. '좋아요'나 리트윗을 구걸하지 말자

절박해 보이는 이미지는 정이 가지 않을뿐더러 관심을 갈구하는 사람처럼 보이기 쉽다. 인터넷 논객이나 유행을 선도하는 사람으로 보여야 한다.

### 2. 부정적인 반응을 무시하지 말자

물론 흥분해서도 안 된다. 부정적 글도 그대로 게시하되 합리적으로 대응해야 한다. 서둘지 말 것이며, 최대한 성의를 갖춘다.

### 3. 해시태그를 과다하게 붙이지 말자

대화에 끼고 싶어 이리저리 기웃대는 것처럼 보일 수 있다. 아무 관심도 받지 못한 채 농담거리만 될지도 모른다. 해시태그 세트를 긁어다 붙이는 것도 가급적 삼가야 한다. 자칫 금지어로 지정된 해시태그를 사용해 차단될 수도 있다.

### 4. 이야기 나눈 사람을 잊지 말자

교류한 사람들이 흥미로운 정보와 링크, 여러 의견을 나누었다면 그들의 활동을 모방해 볼 필요도 있다. 딱딱한 껍질 속에 웅크리고 있지 말자. 신비주의는 소셜미디어에 어울리지 않는다.

케이스 스터디

## '나'를 내세운 온라인 브랜드

웨이드 제프리 / 아트디렉터

단순한 커리어 및 포트폴리오 웹사이트 이상의 가치를 보여줄 수 있다. 얼굴 표정으로 자신의 기분을 드러내는 기발한 발상으로 이야기를 하고 싶게 만드는 사이트가 있다.

www.wadejeffree.com

뉴욕에서 활동하는 디자이너이자 아트 디렉터인 웨이드 제프리(Wade Jeffree)의 웹사이트는 단순한 개인 포트폴리오 이상의 가치를 보여준다. 자신의 스마트워치로 측정된 맥박, 읽지 않은 이메일의 수, 위치와 듣고 있는 노래 등의 정보를 타이포그래피로 보여준다. 자기소개 페이지와 랜딩 페이지의 커서에서 그 내용들을 확인할 수 있다. "나는 열린 마음을 갖고 나 자신을 전면에 내세우고자 했다. 작품에 나 자신이 어떻게 투영되는지 보여주고 싶었다, 나는 작품과 삶이 하나로 엮여 있다는 것을 강하게 믿고 있기 때문이다."

그는 웹사이트 인트로 화면에 등장하는 자신의 얼굴로 기분이나 활동을 업데이트한다. '부자들 때문에 열 받아' 같은 설명을 곁들이면서 얼굴에 치과 볼 견인기를 씌우거나 바람 빠진 농구공에 얻어맞게 하는 식이다. "얼굴을 보여준다는 것은, 말 그대로 친해진다는 의미다. 나 자신을 세상에 내놓는 시도다. 대중으로서는 이름만 알던 사람을 실제로 만나게 되는 셈이고, 대화를 하고 싶다는 마음이 들겠죠." 그의 인스타그램 역시 강렬하다. 거기선 아내이자 동료 디자이너인 레타 소비에라이스키(Leta Sobierajski)가 자신들을 소품처럼 활용해서 시각적 아이디어들을 즐기는 모습을 보여 준다.

사이트에서는 매끈한 아트 디렉션, 천연덕스러운 유머감각, 협업에 대한 열정을 간명하게 표현한다. "내가 궁극적으로 원하는 것은 훌륭한 작품을 멋진 사람들과 함께 만드는 것이다." 그의 어바웃 페이지에서도 이 점이 강조되고 있다.

## 챕터 요약

1. 방문객의 시선을 붙잡아 둘 수 있는 시간은 단 7초뿐이다. 그 사이에 작업 포트폴리오나 연락처 정보 등 그들이 원하는 것을 제공해야 한다.

2. 모바일 환경에서도 호환되는 사이트를 구축하는 데 투자하자. 홈페이지가 태블릿이나 모바일 기기에서도 컴퓨터와 같이 보이거나 기능하게 해야 한다.

3. 검색엔진 최적화만으로 간단하게 홈페이지를 효과적으로 홍보할 수 있다. 순위에 올리고자 하는 검색어를 결정하고, 그에 맞춰 내용과 코드를 최적화하자.

4. 매달 어마어마한 수의 방문객이 유명 포트폴리오 사이트를 방문한다. 그러므로 적합한 곳을 골라 자신의 작품을 그곳에 게재하도록 하자.

5. 소셜미디어를 통해 대화에 참여하고 흥미로운 링크를 공유하자. 단, 구걸하는 듯한 태도는 피해야 한다.

6. 단순하게 생각하기 원칙에 따라 분명한 메시지를 담은 전자 뉴스레터를 발행해 보자.

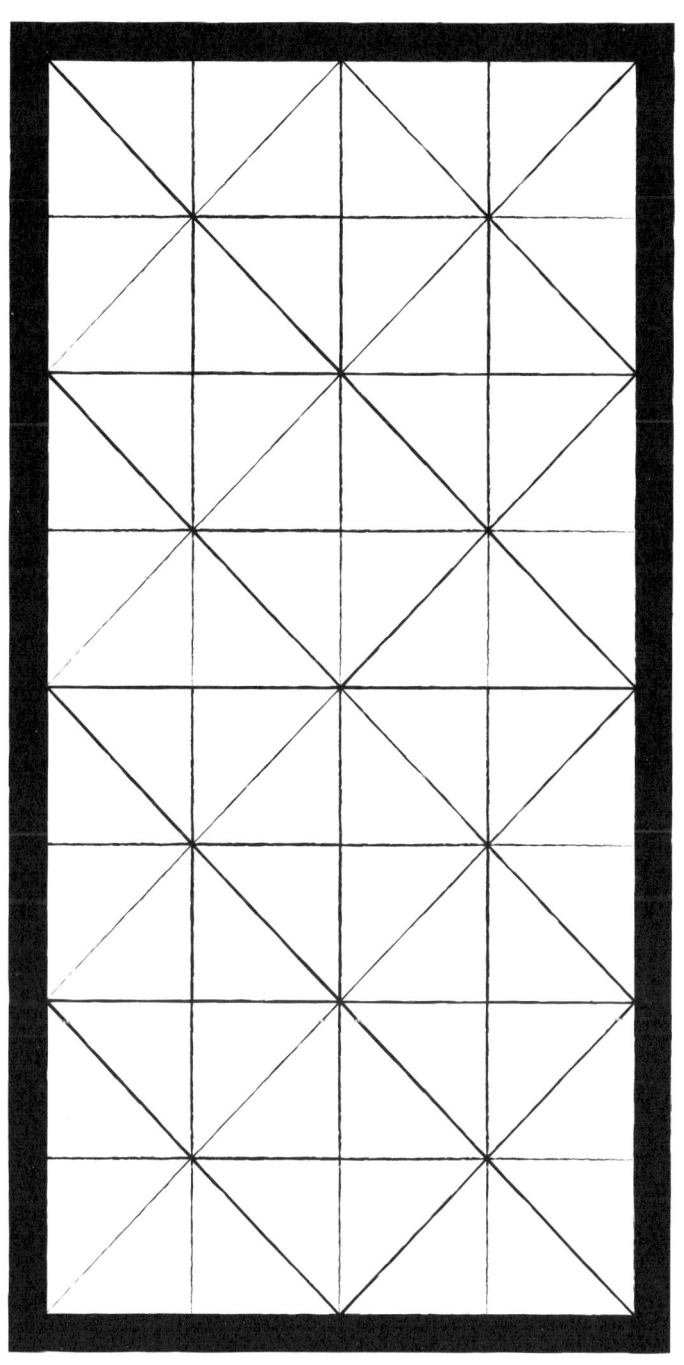

멋진 디자인의 아날로그 인쇄물은
디지털 커뮤니케이션의 혼잡한 틈새를 뚫고
나갈 수 있다.

사람들은 그런 창조성 외에도
그들의 열정과 수고에서
정말 큰 감동을 받기 때문이다.

# 3장
# 강력한 아날로그 홍보물

정교하게 만들어진 아날로그 감성의 인쇄물은 굉장한 흡입력을 지닌다. 지금처럼 디지털 커뮤니케이션 사회에선 더욱 그렇다. 하지만 많은 고객은 매일 날아드는 엽서와 인쇄물 더미의 폭격으로 늘 시간에 쫓기는 상황이다. 이메일과 전화도 쇄도한다. 그들에게 내 작품과 결과물, 그리고 제안서가 쓰레기통에 처박히는 일 없이 돋보이도록 하려면 어떻게 해야 할까?

 잠재 고객인 수신자나 언론 매체의 요구에 딱 맞는 홍보 인쇄물을 보내는 것이 무엇보다 중요하다. 모든 홍보물을 다 보내는 것은 좋지 않다. 양보다는 품질이 우선이기 때문이다. 따라서 독특하게 디자인한 명함이나 한정판 인쇄물, 공들인 포트폴리오 북 등 어떤 형태의 홍보물이든 예산이 허락하는 선에서 최고의 재료와 인쇄로 만들어야 한다. 값싸고 조잡한 것으로는 주목받을 순 없다.

# 기억을 떠올리는 명함

명함은 네트워크와 거래의 시작을 여는 잠재적인 열쇠이다. 우리가 사용할 수 있는 홍보 도구 가운데 개성적인 디자인의 명함은 어떤 상대나 고객에게 오랫동안 기억될 수 있는 효과적인 도구다. 잘 만들어진 명함은 자신의 경력과 기량을 종합적으로 보여줄 뿐만 아니라 상대에게 첫 미팅의 자리를 다시 떠올리게 할 수 있다. 나아가 디지털 커뮤니케이션에서 느끼기 힘든 감성의 친근감을 줄 수 있다.

## 1. 나는 누구인가?

이름을 분명하게 기재하고, 하는 일도 정확하게 적어 넣는다. 명함의 목적은 품위 있고 믿음이 가는 인상을 오래 심어주는 것이다. 창의적인 디자인이 명함 속에 얼마나 많이 적용되었는지는 그다음 문제이다. 자신의 이름이 아주 작은 6포인트 크기로 인쇄되었고, '창의적인 생태계에서 빛나는 크리에이티브 해법' 같은 문구가 새겨진 명함이라면 쓸모가 없다.

## 2. 여유 공간을 만들자

명함에 여러 정보를 우겨 넣지 말자. 메시지가 분명하고 또렷하게 전달되도록 해야 한다. 사람들이 손으로 메모를 할 수 있도록 약간의 공간을 남겨두는 것도 좋은 방법이다. 명함은 늘 즉석 메모지 역할을 해왔다. 특히 매우 중요한 첫 회의나 사교 모임에서는 더욱 유용하게 쓰인다. 이는 자신의 명함을 재차 확인할 수 있

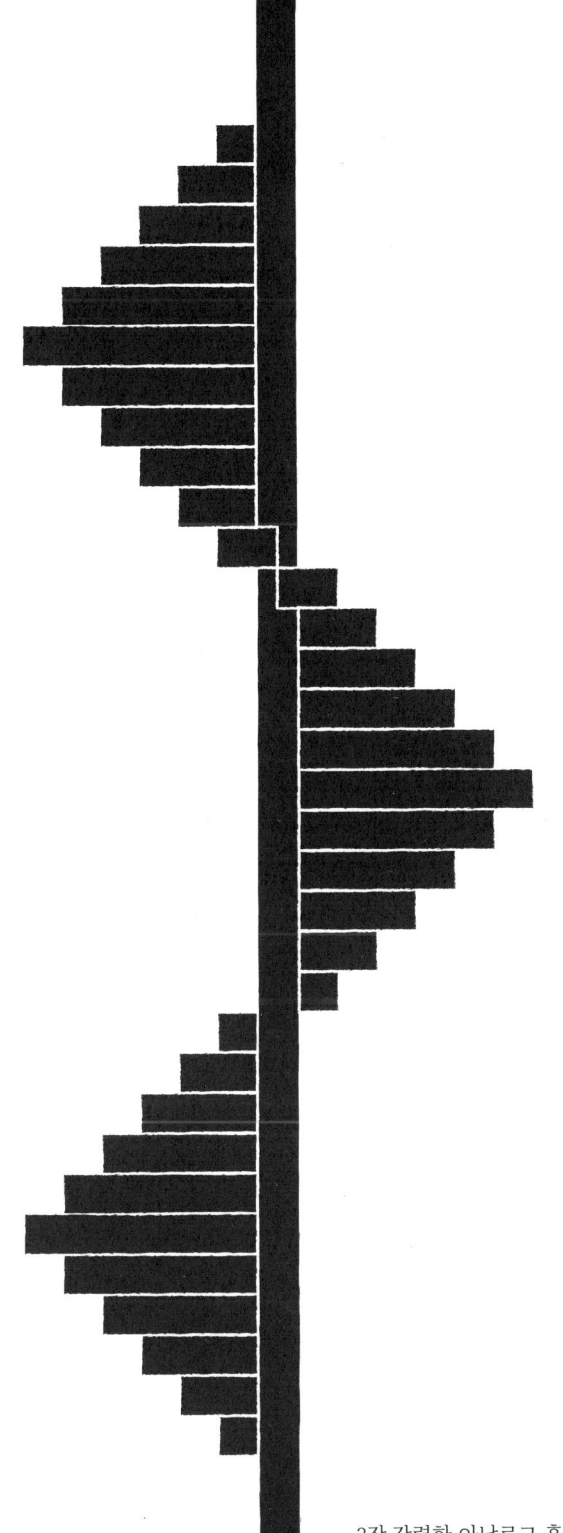

는 여지를 주는 효과까지 있다. 표면을 코팅 처리하거나 진한 배경색을 쓸 경우는 메모의 기능을 포기하는 셈이다.

### 3. 화려한 치장은 버리자

장식은 적당히 하자. 복잡한 테두리나 특이한 소재, 접이식 형태 등의 장식은 우편물이나 다른 홍보물에 더 어울린다. 값비싼 금박이나 은박 잉크가 사람들과 교류하는 데 정말 도움이 될까? 다른 사람들이 한다고 다 따라 할 필요는 없다. 명함에 꼭 담아야 할 내용을 생각해보자. 최소한의 중요 내용만으로도 얼마든지 아름답게 디자인할 수 있다.

### 4. 여기로 연락하세요

사람들이 연락할 수 있는 모든 연락처를 제대로 적었는지 확인해보자. 여기에는 전화번호와 이메일 주소, 웹사이트를 포함하는 것이 이상적이다. 명함에 적어놓은 이메일은 주기적으로 확인해야 한다. 답변이 늦어지면 잠재 고객의 신뢰를 얻지 못한다.

### 5. 깔끔하게 만들자

어떤 서체를 사용할지는 회사의 메시지를 전달하는 데 중요한 요소이니 신중히 처리해야 한다. 어떤 서체를 선택하든 두 가지 이내의 요소로 제한하는 게 좋다. 명조이든 고딕이든 볼드를 넣든 영문이 들어 가든 숫자가 들어 가든 여러 요소 중 최소화해야 한다. 흔히 너무 작은 폰트를 사용하는 잘못을 저지르는데, 이는 주로 너무 많은 정보를 명함에 넣으려고 할 때 생기는 일이다. 그런 정보들은 웹사이트나, 블로그, 트위터, 뉴스레터에 소개하도록 하자.

### 6. 받는 이를 고려하자

상대와 고객의 성향이나 참가하는 이벤트, 전시의 성격에 맞춰 두 가지 정도 다른 종류의 명함을 준비해도 좋다. 이럴 때 하나는 전통적이고 평범한 것으로, 다른 하나는 보다 실험적인 형태의 명함으로 해도 좋다. 그러면 만나는 클라이언트의 취향과 성향에 맞는 명함을 건넬 수 있다.

### 7. 보관하기 쉽도록

규격화된 사이즈대로 명함을 만들 필요는 없다. 하지만 적어도 주머니에 넣을 수 있을 정도의 크기는 유지해야 한다. 명함이 책갈피처럼 별도의 기능을 하는 경우가 아니라면 명함 케이스에 들어가는 사이즈가 일반적이다. 그 외에는 버려질 가능성이 높다.

### 8. 뒷면을 잊지 말자

가장 성공적인 명함은 기억에 남는 명함이다. 위에 소개된 황금률을 충실히 이행했다면 부가적으로 추가할 수 있는 효과를 고민해보자. 명함의 뒷면은 내 명함을 돋보이게 만들 수 있는 환상적인 캔버스이다. 그 공간을 어떻게 자기 일이나 고객과 연관된 내용으로 활용할 수 있을까? 여러 가지 팁을 전달하거나 쿠폰 카드로 활용하거나 내 작업의 스타일을 한눈에 파악할 수 있게 꾸미는 것이 좋겠다.

# 효율적으로 홍보물 만들기

근사한 디자인의 홍보 인쇄물은 디지털 커뮤니케이션의 혼잡한 틈새를 뚫고 나갈 수 있다. 엽서나 스티커 등이다. 이들은 자신을 홍보하는 것에서 그치지 않고 적극적인 판매로 연결하기도 한다. 개성 있는 굿즈 상품은 자신의 사이트에서는 물론이고 여러 편집숍에서 인기가 매우 높다.

**1. 엽서의 활용**

엽서는 상대적으로 저렴하고 쉽게 만들 수 있다. 자신의 브랜드를 꼭 필요한 사람들에게 알릴 수 있는 셀프 프로모션의 매체로 매우 유용하다. 평소의 꾸준한 프로모션은 적당한 일감이 생겼을 때 그 일이 성사되도록 잘 연결해주는 수단이기도 하다. 앞면에는 강렬한 이미지와 연락처를 올리고, 뒷면에는 행동을 부추기는 문구를 넣는다. 수량이 많으면 비용을 낮출 수 있다. 인쇄업자와 비용을 상의하고, 엽서의 크기와 인쇄 여백에 주의를 기울이자.

**2. 매력적인 인쇄 기법**

인쇄물을 제작할 때는 특수한 후가공 처리 과정을 고려해서 예산의 균형을 맞춰야 한다. 고가의 한정 제작 인쇄물은 고객들에게 깊은 인상을 남기고 싶을 때 만든다. 인쇄물을 제작할 때 고려할 것은 수량보다는 품질이다. 고품질 인쇄물을 소량으로 돈을 아껴 인쇄할 방안을 고려하고, 목표로 삼은 목록을 세심히 따져본다.

## 3. 인쇄업체와 상의하자

인쇄물에서 돈을 아끼는 가장 좋은 방법은 인쇄업체에 조언을 구하는 것이다. 색을 덜 쓰면 비용이 줄까? 정규격의 종이 사이즈에 가능한 많은 디자인 레이아웃(쪽수)을 담게 할 수 있을까? 인쇄업자에게 어떤 옵션이 있는지 질문하고 좋은 팁을 얻어야 한다. 의문이 생기면 언제든 전화기를 들고 질문을 퍼부어도 좋다. 간혹 어리석어 보이는 질문을 하게 되더라도 상관없다. 적어도 자신은 다음에 그 문제를 어떻게 해결할지 답을 얻게 되는 셈이니까.

## 4. 인쇄 과정을 즐기자

정기적으로 인쇄할 일이 있다면 종이 자투리를 버리지 말고 홍보용 전단지나 브로슈어 등에 활용할 수 있다. 완전히 새롭게 인쇄에 들어갈 때보다 비용이 절약되고, 전에 시도 못 해본 후가공을 시도해볼 수도 있다. 고객의 일이라면 자투리를 활용하기 전에 동의를 구해야 한다. 어차피 버려지는 것이기에 그걸 마다할 사람은 없을 것이다. 다만 인쇄소 담당 기장에게 약간의 번거로움에 대해 도움을 청해야 한다.

## 5. 스티커의 활용

스티커 제작의 최대 장점은 사이즈가 작아 일반적인 프린터를 사용해서도 쉽게 만들 수 있다는 점이다. 전체 사이즈에 맞춰 인쇄한 뒤 잘라서 쓸 수도 있고, 일반적인 사각 라벨을 활용해도 된다. 단점은 디자인 손상 없이 여러 정보들(이름, 연락처 등)과 작품 세계를 함께 보여주기가 쉽지 않다는 것이다.

## 투자해야할 선택

예산을 좀 더 투자한다면 절대 잊히지 않을 홍보물을 만들 수 있다. 디자이너이거나 직접 디자인을 할 수 있는 경우라면 자신의 스킬을 인상적으로 보여줄 수도 있다. 그 외에도 독특한 홍보 인쇄물은 브랜드를 알리는 동시에 브랜드 상품으로 판매하여 수익까지 올릴 수도 있다.

### 1. 책으로 출간하기

상당한 양의 작업물이 모였을 경우 쇼케이스 책자나 모노그래프를 만들면 자신만의 스타일과 정체성을 인상적으로 선보일 수 있다. 물론 고품질로 제작한다면 판매를 통해 수입이 생길 수도 있다. 그러기 위해서는 자신의 작업에 대한 기록이 먼저 선행되어야 한다. 모든 작업 과정에서의 특별한 이야기와 여러 가지 시안 등 좋은 재료들을 아카이브해 놓으면 역사가 될 뿐만 아니라 개성 있는 브랜드로 꽃피우게 된다.

### 2. 공동의 작품집

자신의 작업물로만 채울 것이 아니라 동료의 작업물까지 포함한 공동의 형태로 만들어 보는 건 어떨까? 비용과 책임을 분담할 수 있으며, 원한다면 잠재 고객이나 기존 고객들에게 홍보용으로 배포할 수 있다. 네트워크 형태의 그룹 혹은 마음에 맞는 프리랜서끼리 독특한 타이틀의 프로젝트로 진행해 볼 수도 있다.

## 3. 포장재까지의 디테일함

포장 디자인까지 신경 쓰는 경우는 흔치 않지만, 맞춤형 포장재야말로 즉각적인 효과를 더해준다. 더불어 스스로의 다재다능함도 알릴 수 있다. 포장에는 특수 처리나 후가공이 꼭 들어가므로 디자인할 때 그 시간까지 고려해야 한다.

## 4. 눈에 띄는 우편물

고객들은 매일 엽서와 뉴스레터 등의 우편물을 산더미처럼 받는다. 이럴 땐 다른 형태의 인쇄물이 눈에 띌 것이다. 물론 너무 저렴해 보이지 않아야 한다. 자신이 디자인한 이미지로 꾸민 카드 꾸러미나 달력은 어떨까? 특히 그것이 일반적인 기업 스타일을 살짝 틀어 재해석한 것이라면 더욱 주목받을 수 있다.

## 5. 재기 발랄한 셀프 프로모션

자신을 홍보하는 가장 효과적인 방법의 하나는 이른바 '타깃'에 해당하는 사람들의 관심을 끌 만한 흥미로운 우편 홍보물을 제작해 그들에게 보내는 것이다. 엽서, 안부 카드, 달력에서부터 정교한 각종 작품, 심지어 초콜릿과 수제 케이크에 이르기까지 어떤 형태도 가능하다.

# 해야 할 것과 하지 말아야 할 것

<u>해야 할 것</u>

**1. 야망을 갖자**

그 많은 인쇄 업체들은 제각각 전문적으로 다루는 분야가 있다. 여러 업체에 샘플을 요청해서 가능한 옵션들을 살펴보자.

**2. 인쇄업체에 어려운 과제를 안기자**

좋은 인쇄 업체라면 도전을 기꺼이 받아들일 것이다. 자신의 포트폴리오뿐만 아니라 그들의 포트폴리오에도 도움이 될 만한 일이라면 비용을 깎아줄 수도 있다.

**3. 스폰서십**

목표는 높고 예산이 빠듯하다면 인쇄업체나 종이업체에 로고를 삽입하는 스폰서십 등에 관심이 있는지 물어볼 수도 있다. 단, 그 목표는 특별해야 한다.

하지 말아야 할 것

## 1. 첫 견적을 받아들이지 말자

각 옵션에 대해 최소 세 가지 견적을 받도록 한다. 비싼 가격을 부른 업체가 마음에 든다면 그들에게 경쟁업체의 가격으로 맞춰 줄 수 있는지 물어봐도 좋다. 대부분 제안을 받아들일 것이다.

## 2. 규모의 경제를 잊지 말자

단가는 인쇄매수가 늘수록 줄어든다. 소량의 디지털 인쇄가 아니라 대량의 옵셋 인쇄일 경우는 더욱 그렇다.

## 3. 지역적인 유리함을 잊지 말자

먼 거리의 타 도시나 혹은 다른 나라에서 대량 인쇄를 하는 것이 저렴한 경우도 있지만 그 과정에 관여하기가 어렵다. 이 경우 문제가 생겼을 때 해결비용이 더 들어갈 수도 있다.

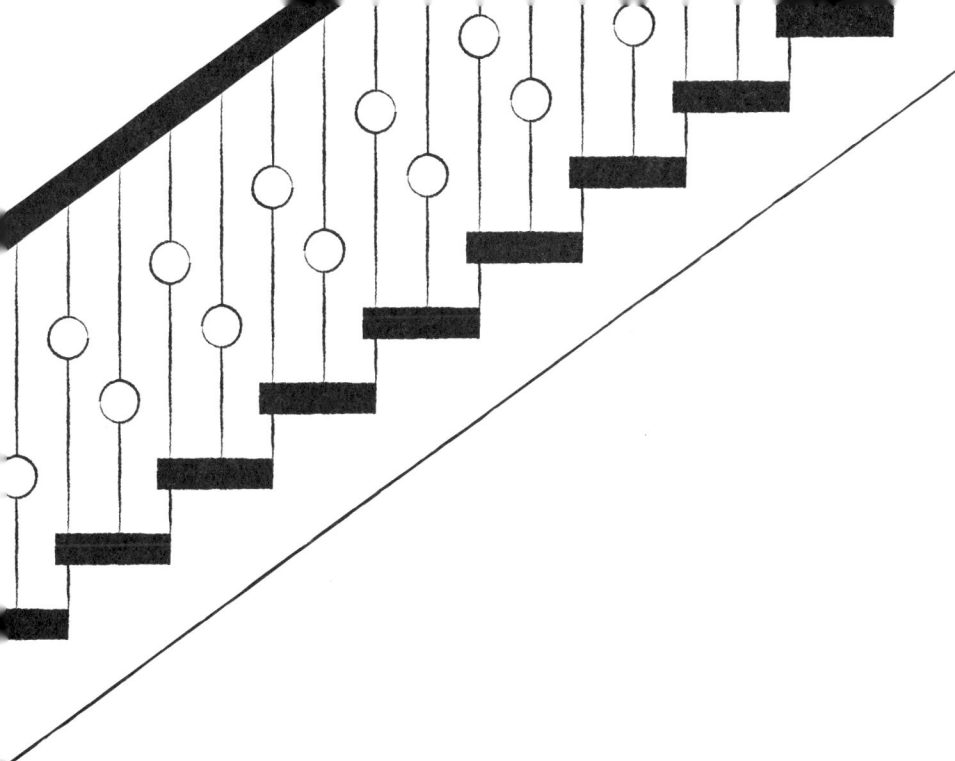

### 케이스 스터디 1

## 똑같은 것이 없는 그림 명함

박길종 / 길종상가 대표

맞춤 가구를 만드는 길종상가의 가구디자이너 박길종 대표는 사무실 건물을 손으로 일일이 명함에다가 그려 넣었다. 에르메스 사옥의 윈도를 작품으로 꾸미기도 한 그는 라이프스타일 크리에이터로 활동 폭이 넓다.

www.bellroad.1px.kr

회사 이름부터 색다른 길종상가의 박길종 대표는 초기에 하루 중 남는 시간을 쪼개서 한 장 한 장 직접 손으로 그려 명함을 만들었다. 그림 명함을 만든 계기에 대해서 그는 컴퓨터로 디자인을 할 줄 몰라서, 라고 했다. "누구에게 부탁하기도 귀찮고 해서 직접 종이를 잘라서 하나하나 다 다르게 그림을 그려서 만들게 되었죠."

그의 명함에는 길종상가 건물의 다양한 변형들은 물론이고 그곳에 함께 존재하는 온갖 사물들이 그려져 있다. 일반적인 건물 형태 외에도 가구, 화분, 자동차, 사람 모양의 건물들이기도 하다. "길종상가는 그만큼 다양한 모습으로 사람들 곁에 있다는 것을 보여주고 싶었어요."

**"기억하기 쉽고 재밌잖아요"**

그림 명함에는 이름, 전화번호, 이메일, 홈페이지 주소가 기재되어 명함 본연의 기능에도 충실했다. "그림 명함을 받은 100명은 길종상가를 확실히 기억할 것 같아요. 사람들이 기억하기 쉽고, 또 재밌잖아요. 똑같은 것이 없는 딱 한 장짜리 그림 명함이기에 잘 버리지도 않았을 것 같아요."

이 명함은 제작 순서대로 1번부터 100번까지만 만들어졌다. 로고가 만들어졌고, 그 후로는 로고가 들어간 명함을 다량으로 인쇄해 쓰고 있다.

## 케이스 스터디 2

# 리소 덕분에 더 빨리 알려진 스튜디오

코우너스 / 디자인 스튜디오이자 독립 출판사

그래픽 스튜디오 코우너스는 리소 스텐실 인쇄소를 운영하면서 이름을 널리 알리게 됐다.

www.corners.kr

2012년 창립한 코우너스(Corners)는 그래픽 디자인 스튜디오이자 독립 출판사이다. 이곳의 특징은 직접 리소 스텐실 인쇄소를 운영한다는 점. 책과 인쇄물을 더욱 특별하고 재미있게 만들고 싶었던 이들에게 리소 스텐실 인쇄는 자신들의 감성을 가장 잘 보여줄 수 있는 차별화된 선택이었다.

리소그라피는 오프셋 인쇄만큼 고품질은 아니지만 속도가 빠르고 소량 제작이 가능하다는 점에서 소규모 출판과 인쇄에 유리하다. 여기에 사용되는 콩기름 잉크는 일반 잉크보다 더 밝고 선명한 색을 낼 수 있는 게 장점. 사진이나 그림을 정확히 재현해내는 일반적인 옵셋 인쇄 기법이 아닌 전혀 새로운 느낌의 작품으로 만들어 낸다. 마치 판화 작업을 하는 것처럼 생각해야 한다.

이들은 스튜디오를 홍보하는 인쇄물에 리소그라피를 적극적으로 활용했다. 초기엔 홍보용 책갈피를 만들어서 무료로 나누어 주기도 했고, 『리소그라피 프린터스』와 『리소그라피 가이드』 등의 홍보 책자를 만들기도 했다.

"리소그라피 스텐실 인쇄 덕분에 스튜디오가 생각보다 더 빨리 알려졌지요. 그뿐만 아니라 인쇄비용 절감효과도 있고요. 직접 리소그라피 스텐실 인쇄를 하면 마스터 종이와 잉크값만 들어가기 때문이죠. 하지만 무엇보다 인쇄기 덕분에 다른 디자이너들과 교류가 많아졌습니다."

다양한 분야의 디자이너들이 이곳에 인쇄를 의뢰한다. 단 한 장이라도 인쇄할 수 있기 때문이다. 그 덕분에 교류도 많아졌다. "요새 어떤 작업하세요, 같은 이야기도 나눌 수 있어요. 그냥 디자인 스튜디오라면 다른 디자이너들을 만날 기회가 별로 없잖아요. 리소그라피 스텐실 인쇄가 스튜디오 홍보에 확실히 도움이 되었습니다."

기획에서부터 디자인과 인쇄까지 전 과정을 갖춘 코우너스는 리소그라피 인쇄 방식에 특화된 독특한 책들을 다양하게 출판하고 있다.

## 챕터 요약

1. 잘 만들어진 명함은 가장 중요한 홍보물이다. 전달할 메시지를 잘 생각해서 디자인 요소를 세심하게 고르자.

2. 엽서, 포스터, 한정판 인쇄물은 잠재 고객의 관심을 비용대비 효율적으로 끌 수 있는 방법이다.

3. 고객이 의뢰한 일과 함께 인쇄하면 돈을 더 절약할 수 있으며, 예산이 모자라 하지 못했던 후가공 처리도 해 볼 수 있다. 하지만 그래도 되는지 고객에게 알려야 한다.

4. 모노그래프처럼 예산이 많이 필요한 홍보물은 시각적으로 강한 인상을 남길 수 있다. 나아가 판매를 통해 수익을 올릴 수도 있고, 새로운 일감과 연결되기도 한다.

5. 더 높은 목표를 가지고 있는가? 그러면 거래하는 인쇄업체에 도전할 만한 과제를 주자. 그들 자신의 포트폴리오를 채울 수 있는 것에 대한 보상으로 할인을 제시할지도 모른다.

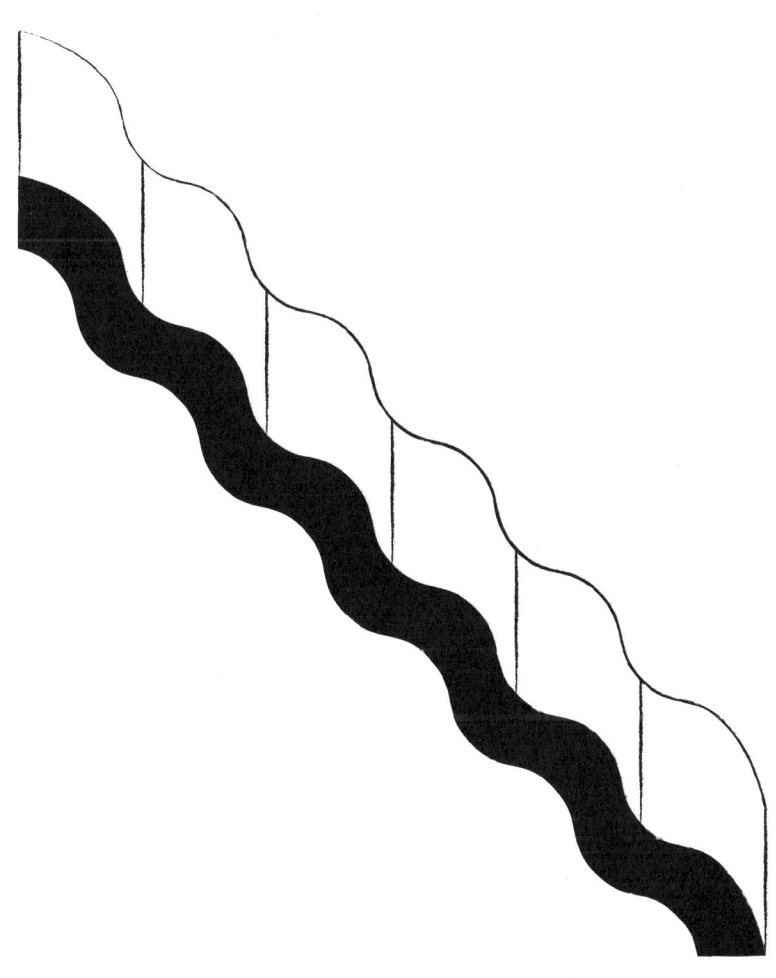

## 2막

## 알리기 : 네트워킹, 프로모션

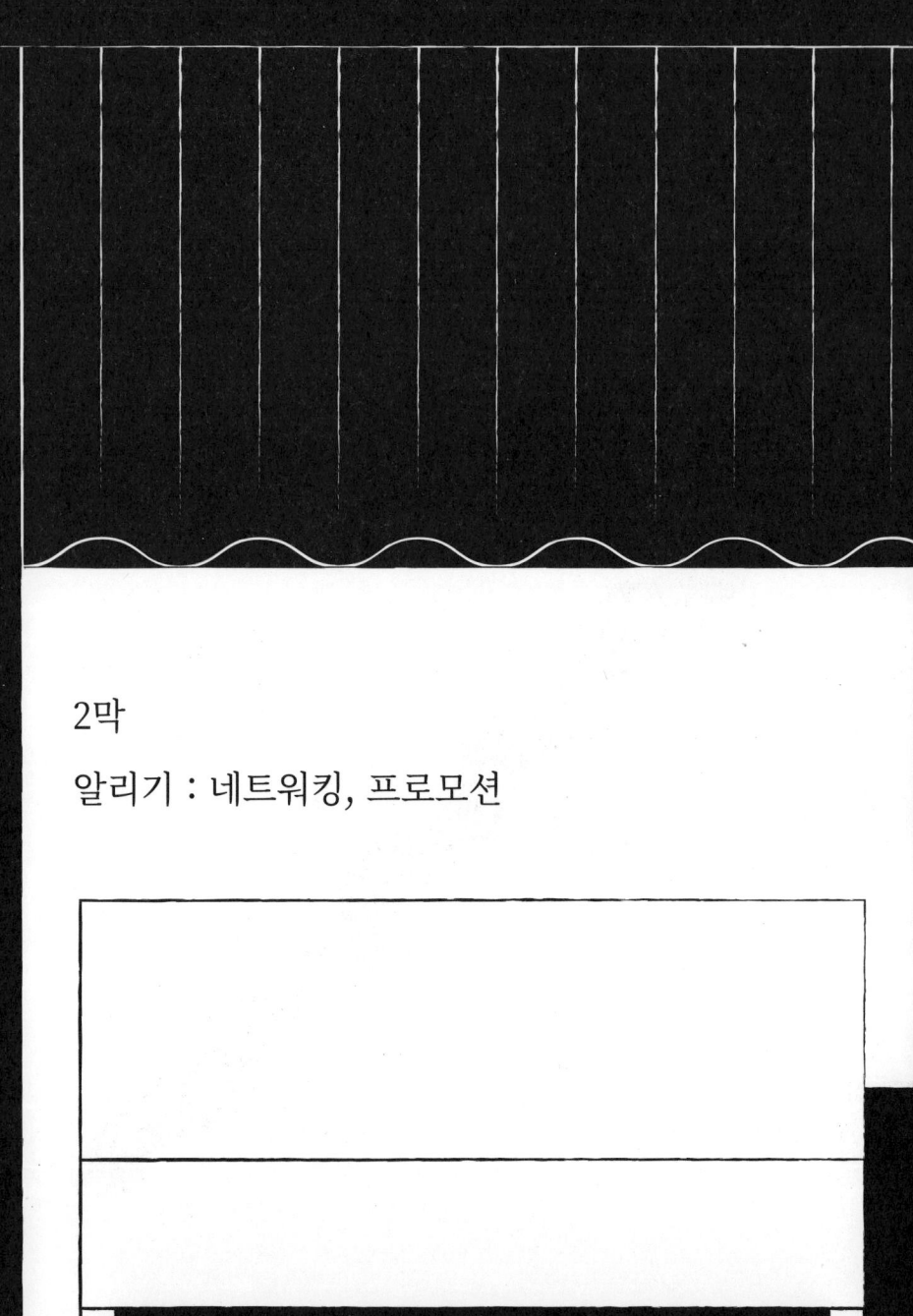

이 러시아 소녀는 우리에게
한 달 동안 매일 짧은 메모와
포스터를 보냈답니다.
정말 무서웠어요.

# 4장
# 적극적으로 알리기

근사하고 매력적인 웹사이트를 구축했고, 페이스북이나 트위터 타임라인이 재치 있는 통찰로 가득하며, 놀라운 인쇄 홍보물도 만들어 쌓아두었다. 그렇다면, 이제부터 해야 할 일은 무엇인가? 셀프 프로모션이다. 적재적소에 그것들을 제대로 선보이는 것이다. 아무리 멋지게 디자인한 광고일지라도 수신자의 휴지통으로 들어가는 신세라면 무용지물이다.

   사람들이 인터넷 검색이나 텔레파시 혹은 느닷없는 행운으로 자신을 찾아낼 때까지 고고하게 기다리고 싶을 수도 있다. 하지만 상황은 그렇게 만만치가 않다. 그래서 제대로 자신의 좋은 이미지를 그들에게 심으려면 보다 적극적인 활동이 필요하다.

# 암호 풀기

오프라인 인쇄 매체나 온라인 커뮤니티를 통해 자신을 알리는 활동을 계획하고 있다면 무엇부터 해야 할까? 무엇보다도 그에 필요한 중요 사항을 제대로 이해하고 있는지부터 체크해야 한다.

**1. 예산 세우기**

무언가를 시작하기 전에 먼저 비용을 주의 깊게 따져봐야 한다. 재빨리 긍정적인 반응을 얻고 싶더라도 재정 상황에 비추어 얼마의 돈을 사용할 수 있는지 현실적으로 짚어봐야 한다. 수익을 얻을 때까지 파산하지 않을 만한 예산을 세워서 실행해야 하기 때문이다.

**2. 행동 개시**

아무리 훌륭한 셀프 프로모션 활동이라 해도 목표가 뚜렷한 상태에서 시작한다. 비즈니스라면 궁극적인 목표는 새 일을 따내는 것이지만, 그에 앞선 홍보 활동에는 자신의 '웹사이트 보기'나 '브랜드 상품 미리 사용해 보기' 같은 직접적인 행동의 목표가 필요하다. 셀프 프로모션을 위한 샘플과 의사소통은 이런 구체적인 목표를 성공적으로 이끌기 위해 만들어진다.

**3. 무엇으로 공략할 것인가**

목표 대상과 그들의 관심사에 대해 전략적으로 접근한다. 셀 수 없이 많은 이메일을 검토하느라 시간에 쫓기는 고객에게는 간단

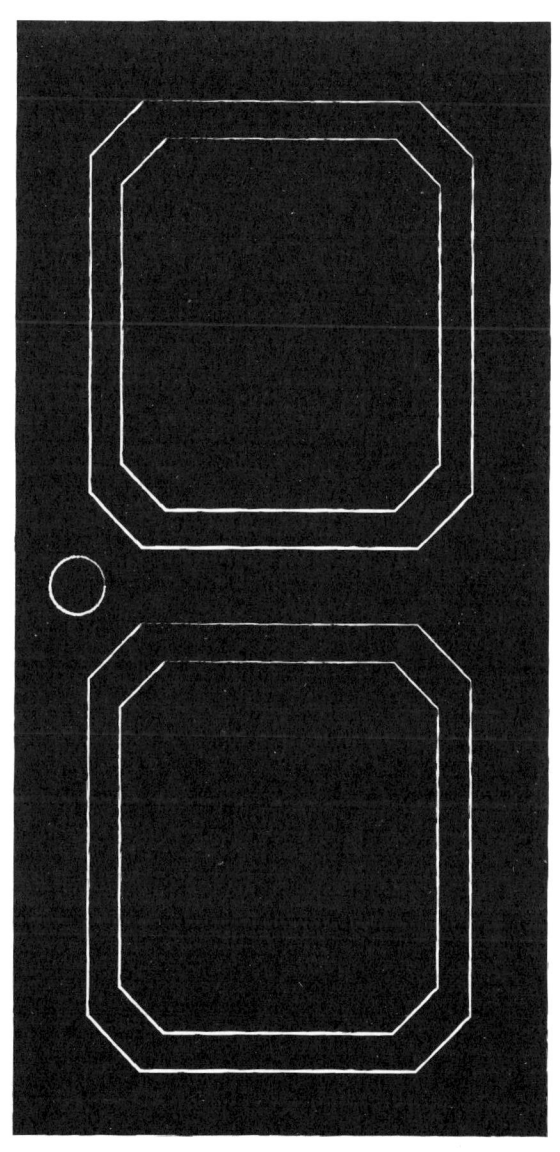

히 클릭만으로 둘러볼 수 있도록 이메일을 보내는 것이 좋다. 물론 디자인이 멋진 인쇄 홍보물은 디지털 세계에서도 늘 통한다. 하지만 무엇으로 잠재 고객을 공략할 것인가는 상황에 따라 적합하게 활용해야 한다.

## 4. 무엇을 팔 것인가

항상 분명한 브랜드 메시지를 마음속에 품고 있어야 한다. 개인이든 어떤 분야에서 비즈니스하든 무엇을 '어떻게' 팔 것인지를 생각하기 이전에 누구에게 '무엇을' 팔 것인지 아는 것이 중요하다. 이는 곧 '공감'을 파는 것이기도 하다.

## 5. 실행이 중요하다

기발한 생각은 좋은 출발점이 될 수 있다. 하지만 그 생각을 올바르게 실행에 옮겨야 한다. 콘셉트만큼 실행도 중요하다는 의미이다. 많은 돈을 들이라는 뜻이 아니다. 단지 시간을 잘 활용하고, 공을 들이기만 해도 홍보 활동은 훌륭하게 해낼 수 있다.

## 6. 일관성 있는 비주얼

어떤 종류의 셀프 프로모션 활동도 헛된 것은 없다. 그것은 커다란 브랜딩 시스템 속에서 로고나 색상 체계 같은 비주얼 아이덴티티와 함께 할 때 효과를 제대로 발휘한다. 의도적으로 변형해서 사용하는 경우는 제외다. 때때로 이런 의도적인 변주는 즐거움과 흥미로움을 더해준다.

## 7. 세밀한 디테일까지

아주 작은 부분까지 주의를 기울인다. 함께 활동하는 동료가 있다면 마지막까지 꼼꼼하게 체크해달라고 부탁해야 한다. 잘못 적은 철자나 허접한 인쇄로 좋았던 첫인상까지 쉽게 망칠 수 있기 때문이다. 누구라도 자신의 실수가 여러 사람의 나쁜 기억에 남기를 바라지는 않을 것이다.

## 8. 수신인 상태 확인하기

신경 써서 만든 인쇄 홍보물이 상대에게 제때에 전달되는지 확인해야 한다. 전화기를 들고 몇 가지 조사를 해볼 수 있다. 이사한 지 오래된 예전 주소로 물건을 보내거나, 어떤 업무를 위해 해외로 나가 있는 사람에게 우편물을 보내서 수신함에 그대로 보관되는 상태라면 아무 소용도 없다.

## 9. 반드시 다시 검토하자

미리 보기나 테스트 발송 등을 통해 전자 메일과 우편물에 문제가 없는지를 찾아내고 바로 잡아야 한다. 전자 메일이 PC나 모바일 기기에서 이상하게 보이거나 동영상이 비공개로 올라와 있다는 사실을 다른 사람에게서 듣고 싶지는 않을 것이다. 메시지를 전달하는 어떤 문서에 삽입된 중요한 이미지가 상대의 시스템에서 보이지 않는 경우도 있다. 우편이나 퀵 서비스 요금을 지급하지 않아 상대방이 지급하게 되는 실수는 막아야 한다.

**10. 스토커가 되지 말자**

수신자에게 연락해서 홍보물 수취 여부를 확인하거나 그들의 의견을 묻고 회의를 제안한다. 하지만 스토커처럼 집요하게 행동하지는 말자. 또 상대방이 곧바로 관심을 가져줄 거라고 생각하지도 말아야 한다. 최소한 일주일 정도의 시간 여유를 갖도록 한다. 그 정도 기간이라면 그들은 자신이 보낸 홍보물을 생생히 기억하고 있을 것이고, 자신이 지나치게 매달린다고 생각하지 않을 것이다.

**11. 포기하지 말자**

하루아침에 잘 익은 과실을 따 먹을 순 없다. 아무도 주목해주지 않는다면 홍보 방법을 개선해 보도록 하자. 어떤 부분을 개선할 수 있을까? 무엇을 하든 포기하지 말아야 하는 것이 가장 중요하다. 셀프 프로모션은 일종의 투자다. 공들인 보람이 언제 나타날지 알 수는 없다. 뿌린 씨앗은 바람과 빛과 물을 충분히 마시고 때가 되어 꽃을 피운다.

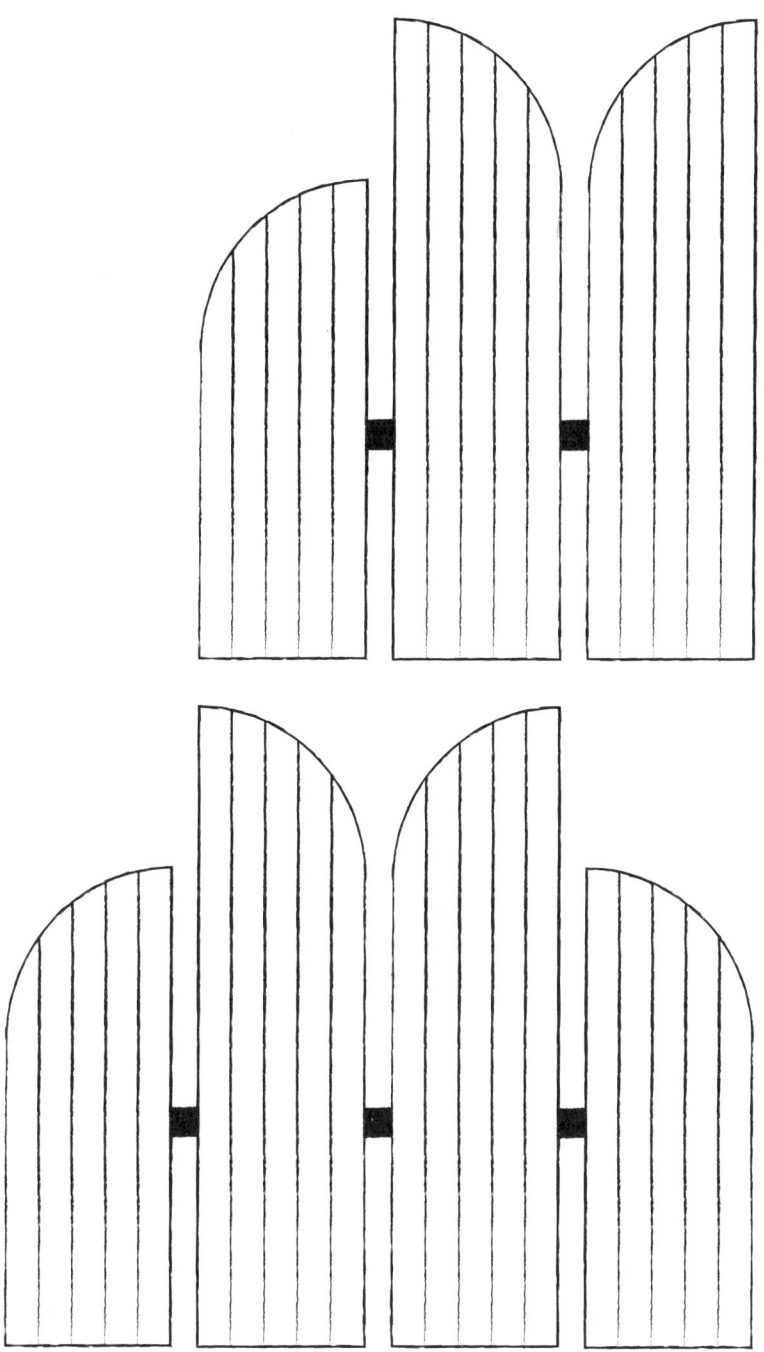

## 어떻게 능력을 팔 것인가?

셀프 프로모션을 성공적으로 이끌기 위한 체크 포인트를 앞 장에서 살펴보았다. 그렇다면 이제부터 구체적으로 실천에 옮길 때다. 자신의 능력을 알려야 할 대상에게 제때에 어떻게 알릴 것인가?

### 1. 잠재 고객 리스트업

처음 시작하는 일이라면 정확한 잠재 고객의 대상부터 찾는다. 관련 업계의 기업 목록이나 안내 책자, 전문 잡지 등 가까이서 찾을 수 있는 다양한 공신력 있는 출처의 자료를 조사하는 것이 유용하다. 관련 분야의 온라인 네트워크 커뮤니티를 지속해서 주시하는 것도 필요하다. 이러한 활동을 지속함으로써 알짜 정보를 업데이트해 나갈 수 있다.

### 2. 온라인 활동

잠재 고객 대상이 어디서 시간을 보내고, 어떻게 온라인 활동을 하는지 조사한다. 어떻게 하면 그들의 눈에 들지에 관한 중요한 정보를 찾을 수 있다. 잠재적인 고객이 인스타그램이나 핀터레스트 등 소셜미디어에서 활동하는가? 동영상 링크나 자주 구독하는 블로그 링크를 트윗하거나 공유하는가? 이런 기초적인 정보들을 파악했다면 앞으로 어떻게 온라인 활동을 벌일지 구체적인 계획을 짜볼 수 있다.

## 3. 조심스러운 접근

잠재 고객이 어떤 접근 방식을 선호하는지 확인한다. 가령, 광고 회사라면 그들이 외부 에이전시나 프리랜서와 일하고 있는가? 아니면 앞으로 그럴 계획을 갖고 있는가? 선호하는 연락 방법이나 따라야 할 원칙이 있는가? 등을 살펴본다.

## 4. 경쟁사 조사

자신이 누구와 경쟁하는지를 아는 것은 훌륭한 방법이다. 경쟁사들의 약점과 강점을 분석하고 시장을 알면 내 브랜드를 어떻게 개발할지 핵심적인 면면을 이해하는 데 도움이 된다. 그 주변에서 매일매일 일어나는 일들은 무한한 정보의 원천이 된다. 넓게는 그 산업에서 어떤 일들이 일어나는지를 알려준다.

## 5. 현실적으로 생각하기

자신이 연락을 취하고자 하는 사람들에 대해 상식적으로 생각한다. 그들은 링크를 클릭하거나 우편물을 열어보는 정도는 할 수 있지만 101개의 조각 퍼즐을 맞추려고 하지는 않을 것이다. 또한 수수께끼를 풀거나 큰 용량의 첨부파일을 내려받길 원하지도 않을 것이다. 그들이 원하지 않는 이런 것들은 한다면 곧 고객을 잃는 지름길이다. 반드시 피해야 하는 요소들이다.

## 6. 말을 조심하자

바른 어조를 유지하자. 상대의 마음을 사로잡고 싶다면 그에 맞는 언어를 찾아 사용해야 한다. 이는 그들의 관심사에 최대한 접근하는 과정이다. 때론 세련된 전문적인 용어나 어휘를 구사할 필요도 있다. 하지만 상대가 그 분야의 전문가가 아닌 경우라면 절대 사용해서는 안 될 것이다. 전문가의 자질에 앞서 소통의 문제이기 때문이다. 당당함과 자신감으로 대등한 관계의 전문가적인 마인드와 태도를 보이는 것은 그 모든 요건의 기본이다.

### 7. 기존 고객이 먼저

기존 고객을 기억하자. 새로운 가능성에 더 집중하고 싶겠지만 기존 고객을 만족시켜야 고정된 일을 할 수 있고, 그들에 의한 입소문도 퍼트릴 수 있다. 잘 만들어진 홍보물을 기존의 최고 고객에게 보내서 자신의 존재를 수시로 상기시키고, 스스로를 중요한 존재로 느끼도록 만들자. 그러면 관계가 오래 지속될 것이다.

### 8. 그들의 일을 이해하자

고객의 일에 대해 폭넓게 이해하고 있음을 보여준다. 그들이 원하는 바를 정확히 파악해서 제시해야 하는 건 기본이다. 따라서 그 이상의 것을 보여줘야 함을 의미한다. 입장을 바꾸어 생각해보자. 자신을 더욱 잘 이해해 주는 상대라면, 나아가 필요한 부분까지 의사가 맥을 짚어 내듯 콕 짚어 준다면 최상일 것이다. 그들이 필요한 또 다른 일을 파악하는 것이며, 연계하여 또는 다음 일로 제안하여 관계를 계속 이어나갈 수 있기 때문이다. 거듭 말하지만 '팔려는 것'이 앞서면 안 된다는 점이다.

## 9. 간단하게 전달하기

뚜렷한 메시지를 빠르게 전달한다. 그들은 글이 빼곡한 이메일을 읽고 싶지도 않을 것이고, 거기서 큰 인상을 받지도 못할 것이다. 그 때문에 배경을 구구절절이 늘어놓기보다는 주요 셀링 포인트만을 제대로 그들에게 전달해야 한다.

## 10. 높은 이상 가지기

크고 높게 생각하자. 지레 움츠러들지 말고 용기를 내어 더 큰 잠재고객 혹은 영향력 있는 주요 인사에게 메일을 띄워볼 수 있다. 두드리지 않는다면 문은 열리지 않을 테니까. 적어도 자신을 인지시킬 수 있는 작은 매개가 될 수 있다. 소통에 물꼬를 트면 기회가 계속해서 생겨난다. 조금 더 큰 꿈을 꿀 필요가 있다.

## 11. 실용적인 자세 갖기

세상엔 훌륭한 프리랜서나 에이전시들이 무척 많다. 그 사이에서 돋보일 수 있는 자신의 매력이 무엇인지 이해해야 한다. 이 질문에 대답할 수 있다면 남들과 다른 특별한 지점에 자리 잡을 수 있다. 고객이 자신을 선택하도록 만들 수 있기 때문이다.

## 12. 기존의 방식에 안주하지 말기

항상 새로운 것을 시도할 필요가 있다. 가령, 짧은 영상을 개성 있게 활용하는 방법도 생각해 볼 수 있다. 모든 소통에는 장벽이 있으므로 이 장벽을 무너뜨리기 위해서는 독특한 길을 찾는 것이 필요하다.

## 언론 매체 활용하기

모든 언론 뉴스 기사의 80퍼센트가 어떤 식으로 인쇄되는지 알고 있는가? 보도 자료가 그 답이다.

전문 분야의 온라인 매체와 커뮤니티 블로그들은 수많은 사람에게 빠르고 넓게 메시지를 전파할 수 있다. 다만 무한정 복제로 발행될 수 있기에 희소성이 낮고 휘발성이 높을 수도 있다. 반면 제한된 지면으로 선별되어 활자로 인쇄된 종이 매체 뉴스는 그만큼 신뢰와 공신력이 높다. 두 가지 유형 모두 큰 도움이 된다.

### 1. 뉴스를 만들어 내자

자신이 속한 업계의 전문 잡지와 온라인 매체부터 공략한다. 이들 언론 매체에 노출되게 하려면 한 가지 주제의 분명한 이야기가 필요하다. 그런 이야기를 만들려면 먼저 그 이야기의 제목부터 정해야 한다. 제목에는 전하고자 하는 메시지가 담기며, 이는 이야기의 전달하고자 하는 핵심 주제가 된다. 간결하고 사실적이며, 꾸미지 않고 직설적으로 서술하는 것이 좋다. 제목이 정해졌다면 핵심을 잘 다듬어 글로 만들어보자. 이때 스스로 질문을 던져 볼 수 있다. 새로운 소식이 뭐지? 어떤 결과를 만들어 낸 것이지? 특별한 새로운 무엇이지? 어떻게 이슈를 만들어 내지? 이런 것들이 어떤 관계가 있을까? 등등.

### 2. 적합한 매체 정하기

만약 창작 예술 분야의 뉴스를 사회 정치 분야의 언론에 보낸다

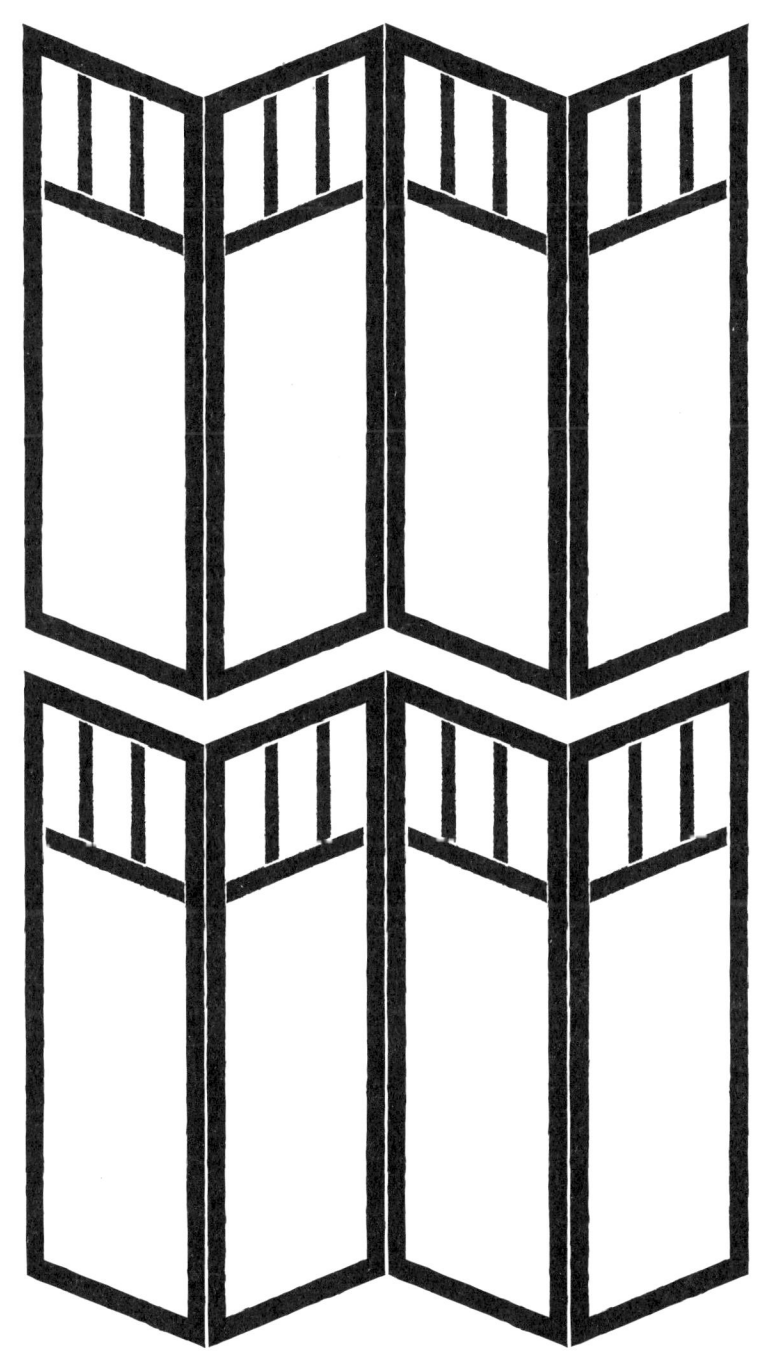

면 아무 소용이 없다. 그러므로 적합한 관련 분야의 언론사와 온라인 매체를 목표로 정해야 한다. 객관적으로 생각해 보자. 기본적으로는 언론에 가치 있는 뉴스를 제공하는 것이지만 동시에 자신에게는 훌륭한 홍보 수단이다. 가령, 현대 사회에서 다양한 아트웍 플랫폼에 기반을 둔 미적, 창의적, 기술적 활동을 바탕으로 하는 디자인 및 예술이라면 디자인 매거진 <CA>를 목표로 삼을 수 있다. 디자이너이며, 저작자이고, 창조적 기업가를 추구한다면 환영받을 것이다.

www.cabooks.co.kr / press@cabooks.co.kr

### 3. 객관적으로 정리하기

사실의 인용과 유명인의 발언을 적절하게 활용한다. 보도 자료는 새로운 이야깃거리를 만드는데 필요한 다양한 정보를 포함하고 있어야 하며, 논리적인 구성으로 작성되어야 한다. 그런 형식보다 더 중요한 것은 자신의 이야기가 가치가 있다고 믿는다면 간단한 사실만이라도 서슴지 말고 보내도록 해보자. 설령 보도되지 않았다고 해도 담당 기자와 에디터에게 자신을 인지시키는 효과를 얻게 된다.

### 4. 연락처 밝히기

보낸 보도자료가 그 매체에 소개하는 데 적합하거나 좀 더 보충할 필요가 있으면 기자나 에디터는 추가 자료를 위해 연락하려고 할 것이다. 간단한 자기소개와 함께 전화번호와 이메일 주소를 적어서 그들이 쉽게 연락할 수 있도록 해야 한다. 당장 보도가 되지 않더라도 다음에 해당 주제의 기획물을 준비할 때 연락을 해올 수도 있다.

## 5. 이미지 첨부하기

새로운 프로젝트에 대한 보도자료 작성을 마쳤다면 사진이나 이미지를 준비한다. 최대한 인쇄용 고해상도 이미지를 준비한다. 이미지를 첨부하여 보낼 때는 메일 용량이 크지 않도록 해야 한다. 메일 호스팅의 한계 용량에 걸려 전송되지 않을 수도 있으며, 서버 메일함의 용량을 크게 차지하기 때문이다. 네이버 클라우드, 드롭박스, 구글 드라이브 등을 이용해 공유 링크로 전달하는 것도 센스 있는 태도이다. 이는 언론사뿐만 아니라 고객에게도 해당한다. 특히 포트폴리오의 경우 각각의 이미지로 많은 수의 파일을 첨부하거나 압축해서 보내는 것은 피해야 한다. PDF 포맷으로 변환한 하나의 파일로 보내는 창의적인 방법이 좋다.

## 6. 계속 체크하기

보도 자료를 받았는지 전화로 예의 바르게 물어도 전혀 문제 되지 않는다. 단, 집요하게 굴면 안 된다. 기자와 에디터는 늘 분주하다. 보도 자료가 잘 도착했는지 짧게 전화하는 정도는 괜찮지만, 수다를 늘어놓거나 반복적으로 전화하면 거머리로 찍혀서 안 좋은 인상을 남기게 된다. 단 한 차례의 시도가 곧바로 보도되기를 바라는 것도 금물이지만, 실망할 필요도 없다. 적어도 언론에 자신을 인지하게 하는 것만으로도 언젠가 소개될 가능성을 높일 수 있어 절반의 성공을 거둔 것으로 생각해도 좋다.

# 온라인 전략 다듬기

온라인에서 자신을 홍보하는 최고의 방법은 탄탄한 명성과 팬덤을 쌓는 것이다. 자신의 이름과 브랜드를 가능한 많은 관계자에게 알려야 한다. 효과적으로 팬층을 만들기 위해서는 자신이 전달하고자 하는 메시지도 중요하지만 그보다 어디에서 어떻게 언급하는지가 더욱 중요하다. 다시 말해서 아무도 없는 장소이거나 연관성이 없는 곳에서 떠들지 말자는 것이다.

### 1. 커뮤니티를 만들자

검색 엔진에 최적화된 사이트를 구축했다면, 트래픽을 끌어올리고 사람들의 재방문을 유도할 수 있는 가장 좋은 방법은 커뮤니티를 만드는 것이다. 독특하고 재미있으며 공유할만한 내용을 정기적으로 올려서 방문객을 모으자. 새로운 일에 관해 쓰고, 흥미로운 이벤트를 만들고, 사진이나 동영상을 공유하자. 그리고 방문자들과 대화를 나누자. 사이트에 댓글을 남길 수 있도록 하고, 그에 대한 답변도 달아서 논의나 의견에 대해 대화를 이끌자. 온라인 쇼핑몰을 운영하고 있다면 할인을 제시하는 건 어떨까?

### 2. 몇 가지 목표 설정

몇 가지 목표를 세워보자. 작업 의뢰를 두어 건 더 받기, 트래픽을 10퍼센트 늘리기, 연락망을 50개 더 늘리기 같은 목표 말이다. 어느 쪽이든 쉽게 측정할 수 있고 검토할 수 있도록 현실적인 목표와 기간을 정해야 한다.

## 3. 지속해서 노력하기

웹사이트에 많은 트래픽을 끌어오고 싶으면 지속해서 유입검색어를 확인하고, 그에 대한 검색 수치를 살펴보아야 한다. 흥미로운 콘텐트를 올리고, 그에 대한 후속 조치 말고는 더 해볼 다른 여지가 없다. 그러므로 사람들이 원하는 바와 흥밋거리를 잘 이해하고 있는지를 스스로 체크해 보는 것이 필요하다. 이를 바탕으로 그들의 관심을 끌 수 있는 콘텐트를 제공하도록 지속해서 노력해야 한다.

## 4. 콘텐트 공유하기

많은 사람이 자신의 사이트를 링크해 주길 바란다. 그 수단으로 무언가를 사람들에게 나눠줄 계획을 세운다. 성공적으로 운영되고 있는 사이트의 예시를 보면 데스크톱 및 모바일 배경화면과 스크린세이버 등을 배포하거나 여러 팁과 기술을 나누고, 다양한 가치 있는 콘텐트를 공유한다는 사실을 발견할 수 있다.

## 5. 현명한 채널 선택

시간과 공을 들였을 때 충분한 보상을 받을 수 있다고 검증된 채널을 목표로 선택하자. 페이스북 팬 페이지에서 링크드인 그룹까지 잠재 고객이나 업계 주요 인물들이 오가는 곳을 공략한다.

## 6. 링크를 걸자

모든 마케팅 활동의 최종 도착지가 자신의 웹사이트가 되도록 한다. 페이스북, 인스타그램, 트위터 등에 새로운 이슈를 올렸다면 팔로워들이 자세한 내용을 자신의 웹사이트에서 확인하도록 링크를 걸자. 여러 커뮤니티 온라인 네트워크나 소셜 네트워크 채널에서도 마찬가지이다. 홈페이지로 링크를 잘 걸어두었는지 다시 한번 확인하자.

## 7. 전문화하기

'바로 그 사람'이 되도록 하자. 사람들은 흥미와 관심을 느끼도록 하는 전문가를 한 명쯤 알고 있게 마련이다. 바로 그런 사람이 되어야 한다. 가령, 좋아하는 서체나 문구류에 대해 페이스북 그룹을 만들어 운영한다면 많은 사람이 의견을 달거나 질문을 하기 위해 자신을 찾을 것이다.

## 8. 언론에 글을 기고하자

창의적인 세계에서 전문가로 유명해지고 싶은가? 가장 쉽고 빠른 방법은 그 분야의 전문 잡지나 온라인 정보 사이트에 객원 필자로 지속적인 글을 올리는 것이다. 모든 웹사이트는 트래픽을 유발하는 것이 목표임을 명심하자. 트래픽을 끌어모을 수 있는 주요 내용과 기술과 팁 등을 생각해 보자. 그렇다면 자신이 가진 고유한 지식을 정보 공유 플랫폼에 제공함으로써, 자신의 전문성을 알리는 것이다. 신뢰도와 공신력이 높은 오프라인 잡지라면 더욱 좋다. 잡지에 게재되어 신뢰를 얻은 내용을 자신의 사이트나 블로그에 게재하고 소셜미디어를 통해 널리 바이럴시킨다면 효과는 배가될 것이다. 출처를 꼭 명기해야 공신력을 인정받는다.

# 해야 할 것과 하지 말아야 할 것

해야 할 것

**1. 널리 알리기**

비핸스 같은 포트폴리오 사이트와 블로그에 홍보 활동에 대해 알리고 링크와 이미지를 여러 소셜미디어에 트윗하자. 언론 매체를 활용하고자 한다면 인쇄물에 적합한 이미지를 미리 확보해 두는 것도 필요하다.

**2. 즐길 수 있는 콘텐트**

잠재 고객층이 기대할 만한 콘텐트를 온라인으로 공유하거나 우편으로 보내자. 읽고 싶고 활용할 수 있고 사무실에 보관해 둘 만한 내용이어야 한다.

**3. 기억을 상기시키자**

나중에 연락했을 때 이전 상황을 다시 떠올리게 만들자. 자신의 홍보물을 마음에 들어 했던 사람일지라도 여러 가지 기억을 떠올릴만한 단서가 필요할 것이다.

<u>하지 말아야 할 것</u>

**1. 사람들을 귀찮게 하지 말자**

사후에 이메일을 보내거나 전화를 거는 정도는 괜찮다. 하지만 대답을 달라고 날마다 메일을 보내거나 공격적인 트윗을 올리거나 수신인(거래처 담당자 등)의 상사에게 불평을 늘어놓는 일은 좋지 않다.

**2. 연락처 정보를 잊지 말자**

연락처를 정확하게 적어놓자. 수신확인이 가능한 이메일 주소나 최근 사이트 주소도 적는다. 소홀하게 넘어가면 안 된다.

**3. 과소비 금지**

자신의 홍보 활동이 성과를 거두기까지 수개월이 걸릴 수도 있다. 그 과정에서 파산하는 일이 없도록 하자.

### 케이스 스터디 1

## "브랜드는 타인이 만들어 주는 것"

임의균 / 슬로워크 대표

친환경 디자인 회사 슬로워크는 블로그에서 자체 프로젝트를 진행해 회사의 브랜드를 만들어 나갔다.

ww.slowalk.com

블로그를 통해 스튜디오의 브랜드를 만들어 나갔다, 라고 슬로워크 임의균 대표는 설명했다. 슬로워크의 프로젝트는 블로그 포스팅의 소통방식으로 시작했다. "우리 프로젝트는 모두 블로그에 공개돼요. 블로그를 본 분들이 공감을 해주거나 댓글을 달아주면 그 반응에 따라 프로젝트를 발전시켜요."

이 회사가 4대강 사업으로 멸종위기에 처한 동식물 12종을 살리기 위한 프로젝트를 계속 발전시켜 나갈 수 있었던 것도 블로그의 힘이다. "정치적 신념을 떠나 이 사실을 많은 사람과 공유하고 싶었어요. 블로그라는 소통의 툴을 활용해 보자는 의견이 나왔지요."

동식물 12종에 대해 포스터를 만들어 블로그에 올렸는데, 학명이 틀렸다는 댓글까지 올라왔다. 그런 의견에 따라 포스터 내용을 계속 수정해나갔다. 외국인을 위한 영문판 포스터를 제작한 것도 그런 요구를 반영한 것이다.

영문판 포스터는 여러 해외 매체에 메일을 보냈고, 대표적인 환경 전문 사이트 중 하나인 '트리허거'에도 게재됐다. 그 사이트를 접한 인도와 미국 등 해외 학생들이 슬로워크를 찾아오기도 했다. 블로그 네트워크의 힘을 느꼈던 순간, 이라고 임 대표는 말했다. "블로그 운영을 통해 진정한 브랜드란 내가 아니라 나를 지켜보는 타인들이 만들어 주는 게 아닌가 하는 생각을 했어요."

슬로워크는 블로그와 SNS를 통해 시민들과 함께 작품을 만드는 방식을 취하고 있다. 브랜드란 제공하는 자의 것이 아니라 제공받는 자의 것, 이라고 임 대표는 말한다. 사례로, 스타벅스가 시민들의 아이디어로 광고를 만들고 있음을 들었다. 공익광고의 주인공이 재래시장에서 농사짓는 분들이라는 뉴질랜드의 사례도 언급했다. 블로그와 소셜 네트워크 등의 소통 수단을 만들어 고객들과 함께 가치와 브랜드를 만들어가야 한다는 것이다.

케이스 스터디 2

## "한 번 보내고 또 보냈죠"

이동윤 / 일러스트레이터

어떻게 프로모션을 해야 뉴욕에서 일을 시작할 수 있을까? 뉴욕을 중심으로 해외 유력 매체들과 작업하고 있는 이동윤이 자신의 경험을 들려준다.

ww.dongyunlee.com
www.toyoilnewyork.com

현재 뉴욕에 거주하며 전 세계 클라이언트와 작업하고 있는 일러스트레이터 이동윤은 한국에서 시각디자인을 전공하고 뉴욕으로 건너가 SVA에서 일러스트레이션으로 석사 학위를 받았다.

SVA에서 그는 프로모션 방법을 알려주는 6개월 과정의 수업을 들었다. 뉴욕의 현업에서 활동하는 여러 일러스트레이터들이 자신들의 경험을 들려주는 강의였다. 이로부터 이동윤이 시작한 첫 번째 일은 그들에게 자신을 알리기 위한 작품 엽서를 보내는 것이었다. "한 번만 보내고 마는 것이 아니라 두 달에 한 번씩 엽서를 계속 보냈어요. 엽서를 받을 때쯤 다시 이메일을 보냈죠. 보낸 엽서를 한 번 더 볼 수 있도록 말이죠. 이메일 체크 시간까지 계산했어요. 출근해서 업무를 시작하게 되는 10시나 10시 반 정도에 또는 점심을 먹고 업무를 시작할 때로 확인율을 높였어요." 그의 셀프 프로모션은 점점 더 많은 사람에게로 확장되었다.

두 번째 방법은 공모전을 공략하는 것이었다. 공모전에 당선

돼야 세계 곳곳의 아트 디렉터의 눈에 띄고, 일감을 받을 수 있기 때문이다. 그 결과 뉴욕 일러스트레이션 협회, 커뮤니케이션 아트, 3X3 현대 일러스트레이션, 미국 일러스트레이션 등 미국의 주요 4대 공모전에 모두 수상했다. 그 결과 보통 6개월에서 1년 정도 프로모션해야 얻게 되는 일을 두 달 만에 받을 수 있었다.

첫 작업은 <GQ 프랑스>의 일이었다. 런던 공모전에 당선돼 수상식에 참여하는 기회에 서점에 들러 함께 일하고 싶은 잡지들을 몽땅 살펴보고 각 잡지사 아트 디렉터 이름과 메일 주소들을 파악해서 메일을 보냈다. 그런 노력으로 첫 데뷔작으로 <GQ 프랑스>에 풀 페이지로 실리게 됐다.

"한두 개의 일을 하면 다음 일로 연결되었어요. 섹스 칼럼, 정치, 의학, 스포츠 등 다양한 텍스트에 들어가는 일러스트를 그리게 되었죠. '감기 걸렸을 때 뛰어도 되나요?'라는 Q&A 섹션에 들어간 일러스트레이션은 저를 유명하게 만들어주었어요."

그러면서 유명 브랜드 측에서 연락이 오기 시작했다. 하지만 스케치를 그려주는 데까지만 일이 진행될 뿐 그 이상으로 진전되질 않았다. 그래서 다음 선택지로 리처드 솔로몬이라는 에이전시 문을 두드렸고, 소속 작가가 되었다. 그러면서 점점 유명 브랜드의 작업으로 확장되었다.

"뉴욕에 발을 들여놓고 새긴 말은 '만약에 당신이 당신의 꿈을 키우지 않는다면 누군가 그들의 꿈을 세우기 위해 당신을 고용한다'예요. 오싹한 말이죠? 매 순간 좋아하는 일이 바뀔 수 있다는 사실을 인지하고, 변화하는 자신을 지속적으로 관찰하는 것이 중요한 것 같아요. 그리고 꾸준히 자신을 업데이트해야 하죠. 그래야 프리랜서로 살아남을 수 있어요."

## 챕터 요약

1. 온라인에서 활동하든 인쇄 홍보물을 제작해서 활동하든 효과적인 홍보의 비법은 동일하다. 계획을 실천으로 옮겨서 강렬한 인상을 남기자.

2. 활동을 개시하기 전에 검토 과정을 거쳐야 한다. 제대로 보이지 않는 메일을 수신인에게 보내는 것보다 허술한 일은 없다.

3. 주요한 관련 온라인 커뮤니티와 관련된 소셜미디어를 수시로 체크하여 어떤 회사가 프로젝트를 외주에 맡기는지 알아봐야 한다. 연락하기에 앞서 그들이 어떤 연락 수단을 선호하는지도 조사하자.

4. 발송한 홍보물을 잘 받았는지 수신인에게 확인 연락을 하는 것은 괜찮지만 성가신 연락은 금물이다. 과도하게 주의를 기울이는 것은 좋지 않다.

5. 유익하고 솔깃한 내용과 잘 짜인 구성의 보도 자료는 관련 언론 매체의 흥미를 살 수 있는 효과적인 방법이다.

6. 온라인 홍보의 가장 좋은 방법은 온라인 공간에 많은 팬을 확보하고 좋은 평판을 쌓는 것이다. 그러기 위해서는 목적에 앞서 서로 간에 좋은 관계를 만들어 간다는 자세여야 한다.

밖으로 나가 사람들과 마주치지 않는다면
서서히 잊힐 것이다.

이메일은 너무 간단해서 쉽게 끊을 수 있다.
누구든 직접 찾아 간다면
무한한 관심을 받게 될 것이다.

# 5장
# 입소문 만들기

사람들의 입을 통하든 온라인 공간을 통하든 입소문은 가장 강력한 홍보 수단이다. 이는 어떤 결정을 내릴 때 상당한 영향을 준다. 고객의 추천이 홍보에 가장 좋은 방법이라는 사실은 두말할 여지가 없다. 잠재 고객이나 협업자들의 관심을 곧바로 살 수 있다. 그 자체로 작업에 신뢰를 얻기 때문이다.

  입소문은 측정하기도 어렵고, 통제하기는 더욱 어렵다. 하지만 고객이 자신의 서비스에 대해 여기저기로 말하게 하는 것이 아예 불가능한 것만은 아니다. 수준 높은 결과물을 프로페셔널하게 제공하고, 꾸준히 고객을 배려한 서비스를 하면 된다. 즉, 고객의 기대치를 뛰어넘어야 한다. 기대치란 사소하지만 소중히 여겨지는 일들일 수도 있다. 일반적인 얘기 같지만 어려운 일이다. 하지만 제대로 해낸다면 소문은 삽시간에 퍼질 것이다.

## 입소문 만들기

고객 만족은 서로에게 이득이다. 고객은 더욱 많은 일을 의뢰할 것이고, 자신은 중요한 추천인을 얻는 셈이니까.

새로운 일을 찾고 있다면 그것을 알릴 방법은 수없이 많다. 먼저 이전의 고객들에게 현재 새로운 일을 맡을 수 있는 상황임을 알릴 수 있다. 친구들과 가까운 친지나 가족에게도 아는 사람을 소개해달라고 부탁해 보자. 소셜미디어를 통해서도 알린다. 어렵게만 생각하지 말고 약간의 용기만 가진다면 방법은 많다.

평소 주변에 좋은 인상을 남기고 관계를 만들어야 한다. 학교 재학 중이라면 가까운 친구들부터 챙기고, 직장에서도 마찬가지다. 거꾸로 생각해 보자. 그들 주변의 가족이나 가까운 네트워크에서 일손이 필요하다면 누구를 떠올릴까? 가까운 친구나 선후배부터일 것이다. 언제 어떤 일들이 누군가의 필요로 이어질지 모를 일이다.

그러나 입소문을 만드는 가장 효과적인 방법은 고객의 경험에 투자하는 것이다. 자신에게 만족한 고객은 고정 고객이 된다. 그 과정에서 전문가로서의 평판도 증대시킬 수 있다. 고객의 기대치를 뛰어넘는 성과를 보일 경우는 소문이 특히 발 빠르게 퍼진다.

## 1. 그것에 관해 이야기하자

평소 건강한 의사소통을 통해 고객과 단단한 관계를 쌓을 수 있다. 프로젝트 과정 중에 계속해서 고객과 연락을 유지하자. 전화하고 이메일하고 정기적으로 상황을 보고하는 회의를 주선하자. 이런 식으로 고객을 일의 중심에 두면 그들은 안심하게 된다. 문제가 생기면 책임을 지고 상황을 해결하기 위해 곧장 고객에게 얘기하자. 이런 방법의 태도는 고객의 신뢰를 얻게 된다. 일단 신뢰가 쌓이면 그다음부터는 순탄하게 일이 진행될 수 있다. 보통은 결과물의 퀄리티보다 사소한 소통의 문제로 프로젝트가 엉뚱한 진흙탕으로 빠져들기 일쑤다. 일보다 사람과의 관계가 먼저임을 깨닫자. 동서고금을 망라하고 공통된 이치다.

## 2. 항상 연락할 수 있는 상황에 있자

고객의 입장에서 연락이 닿지 않는 상황만큼 불안하고 짜증스러운 경우도 없다. 고객에게 자신이 언제 연락을 받을 수 있으며, 어떻게 연락하면 되는지를 확실하게 알린다. 요청이 왔을 때는 즉각 대답하자. 개인용 핸드폰 번호를 알리라거나 24시간 항상 시간을 열어두라는 뜻이 아니다. 그들이 필요할 때 자신이 함께 할 수 있다는 점을 확실히 알리라는 뜻이다. 심리적인 안정감과 신뢰감을 주는 것이다. 균형을 잘 유지하면 자신은 시간을 더욱 효과적으로 관리하면서도 믿음직스럽다는 평판을 얻을 수 있다.

## 3. 적극적으로 행동하자

진행 중인 프로젝트에서 개선할 점이 떠오르면 큰소리로 의견을 말하자. 물론 거기에서 그치면 안 된다. 고객의 사업 확장에 도움이 될 만한 아이디어가 있거나, 그 회사의 시간이나 비용을 아낄 수 있는 방안이 있다면 적극적으로 제안한다. 고객은 늘 이익을 가져다주는 아이디어를 찾고 있으며, 그에 대해 자신이 창의적인 자세를 보여줄수록 깊은 인상을 받게 될 것이다. 또한 자신의 전문 지식을 나눔으로써 고객이 자신을 고용한 이유를 계속해서 생각하도록 할 수 있다.

## 4. 기대를 넘어서자

기대치만큼 일할 경우에는 입소문이 생기지 않는다. 자신이 받는 대가나 혹은 연봉의 가치를 뛰어넘는 성과를 낼 필요가 있다. 이것을 염두에 두고 그 방법을 계속 생각하자. 잠재적인 신규 고객을 찾아냈는가? 그렇다면 그들에게 곧바로 연락하자. 그들이 흥미를 느낄만한 소식을 알아냈는가? 역시 해당 고객들에게 메일을 보내자.

## 5. 열정적인 모습을 보이자

고객의 사업에 관심을 가지고 신경을 쓰면 그들은 그 사실을 바로 알아차린다. 열정적으로 상대에게 열의를 보이자. 고객의 일이 잘 되어 가는지 순수하게 관심을 갖고 있음을 표명하자. 강력한 사업 관계를 원한다면 한 명 한 명을 특별하게 느끼도록 만들어야 한다. 그러면 입소문이 퍼진다. 고객이 아닌 소중한 파트너로 생각하는 것이다. 파트너란 느닷없이 깨질 수 있는 거울이기도 하다. 더욱 세심하게 배려해야 한다.

## 6. 전부 수용하기

100퍼센트 매끄럽게 진행되는 프로젝트는 드물다. 예산이 줄 수도 있고, 어떤 단계에서 지체되거나 성격이 완전히 달라질 수도 있다. 작업에 손상이 될 불합리한 요청은 따를 수 없다고 못 박을 필요도 있지만, 긍정적이고 장기적인 관점으로 본다면 못 받아들일 일도 그다지 없다. 고객의 요구에 맞춰 일을 진행할 수 있는 솔루션을 찾아낸다면 비즈니스 관계를 더욱 공고히 하면서도 입소문을 탈 수 있는 이득을 동시에 얻게 될 것이다.

## 7. 사적으로 접근하자

모든 비즈니스는 결국 사람과의 관계에서 시작되고 끝이 난다. 고객 서비스에도 사적인 친밀감을 준다면 그 즉시 기억에 남는 효과가 있다. 적절한 상황에서 친밀감을 보여주고, 고객의 생활에 관심을 표시하자. 고객이 언급한 적 있는 생일이나 기념일, 아이들 이름 같은 사소한 내용을 기억해두자. 그리고 그것을 직업적으로 사용하자. 약간의 친밀감이 비즈니스의 문을 활짝 열어줄 것이다. 하지만 지나친 친밀감은 때때로 공적인 거래를 해칠 수도 있고, 전문가라는 느낌을 반감시킬 수도 있으며, 그로 인해 스트레스를 받을 수도 있으니 주의해야 한다.

## 8. 솔직하자

누구나 실수를 저지른다. 혹시 실수로 일을 망쳤다면 솔직히 털어놓아야 한다. 상황에 맞서지 말고, 고객에게 사과하고 재발하지 않을 것이라고 말하자. 실수가 곧바로 고객의 불신으로 이어지는 것은 아니다. 그러나 책임을 미루면 틀림없이 신뢰를 잃게 될 것이다. 마찬가지로 프로젝트가 어딘가 제대로 진행되지 않을 때도 고객에게 얘기하자. 특히 모르거나 조금이라도 이해가 부족하다면 솔직하게 말하고 계속해서 질문하자. 그것은 전문가로서의 인상을 해치는 것이 아니다. 어설프게 넘어가려 한다면 일의 결과가 엉뚱하게 치달을뿐더러 신뢰감을 깨뜨리는 지름길이다.

## 9. 개선을 위한 평가

모든 프로젝트를 마무리한 후에는 고객의 반응을 묻고 살펴야 한다. 그들의 의견을 듣고 건설적인 방향으로 업무에 활용하자. 어떤 분야에서 무슨 일을 하든 놓치지 말고 사후의견을 위한 연락을 해야 한다. 프로젝트 결과의 불편하고 부정적인 인상이나 의견은 먼저 말해서 개선하기보다는 관계를 아예 끊는 경우가 많다. 먼저 이야기를 건네는 것은 고객과의 관계를 더욱 돈독하게 할 수 있는 좋은 기회일 뿐 아니라 고정 고객을 얻음으로써 경영을 수월하게 이끌어 갈 수 있다. 이는 비즈니스의 거래 관계에서뿐만 아니라 직장이나 여타 사회생활에서 동료나 상사와의 관계에서도 그대로 적용된다. 사람 사는 세상은 모든 게 이처럼 관계 형성으로 이루어진다.

# 강력한 첫인상 남기기

직접 만나서 진행하는 회의는 또 다른 새로운 일을 의뢰받을 기회가 된다. 그것은 특정 목적의 전화 통화나 이메일로 얻을 수 있는 일이 아니다. 여기에도 황금률이 있다. 보통은 상식적으로 생각할 수 있는 일들이지만 이를 지키는 것은 또 다른 일이다. 습관으로 몸에 배도록 해야 한다. 어떻게 하면 잠재 고객들에게 순간의 타이밍에 강한 인상을 남길 수 있을까?

## 1. 준비된 사람

회의 전에 자료 조사를 하여 준비된 사람이라는 인상을 준다. 첫 만남에서 직접 자기소개를 하게 된다면 현재 고객이 하는 일과 장단점 등에 맞춰야 한다. 고객의 마케팅, 브랜딩, 웹사이트, 온라인 아이덴티티 등을 잘 살펴보자. 이를 통해 어떻게 다른 방식으로 경쟁할 것인가, 자신이 어떤 역할을 할 것인가를 파악한다.

## 2. 전문가다운 행동

고객을 방문할 때는 세련되고 전문가다운 행동을 보인다. 복장을 잘 갖추고, 제시간에 도착하며, 만나는 상대의 이름을 제대로 인지하고 있어야 한다. 또한 예의 바르면서도 친근한 자세를 취해야 한다. 상대를 웃는 얼굴로 대하고, 확고한 태도로 악수를 한다. 즉, 상황에 맞춰 행동해야 한다. 전체 상황을 살펴보고 어느 자리로 갈지, 언제 앉을지 등을 그들이 안내하는 대로 따라야 한다. 반대로 자신이 미팅을 주선했다면 주도권을 갖고 움직여야

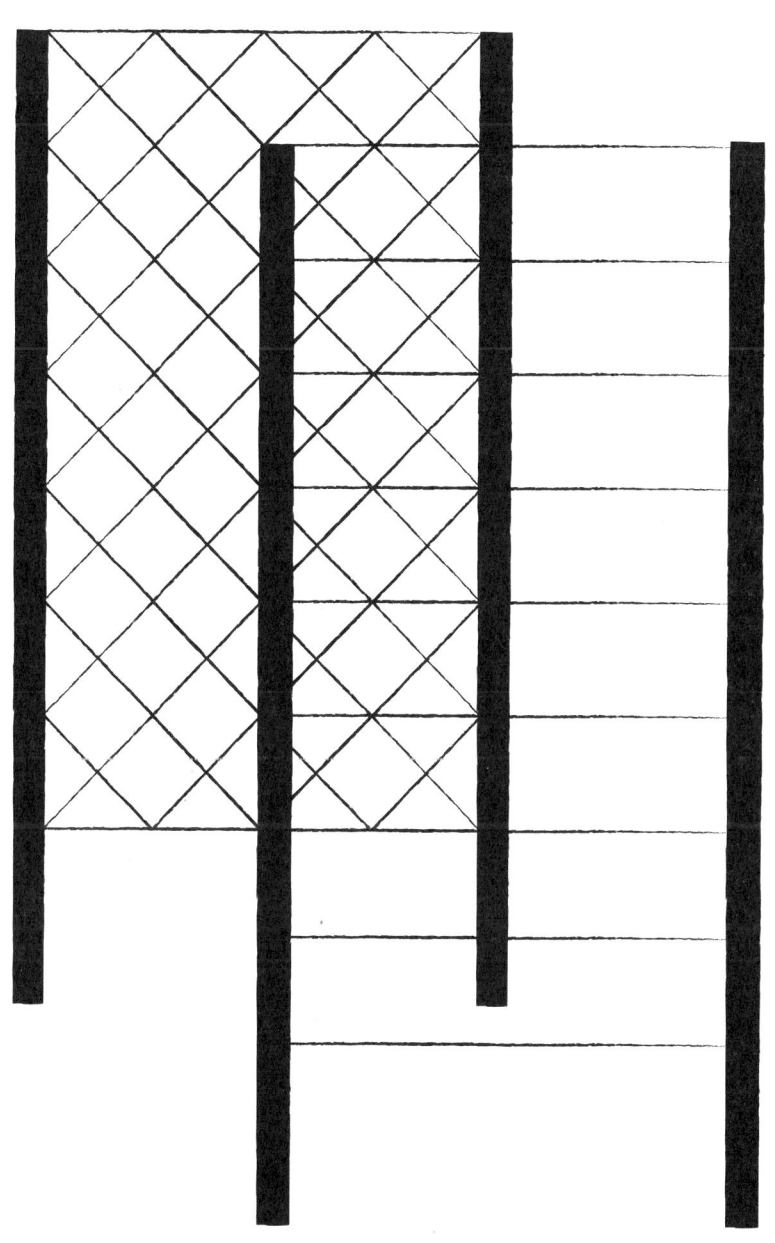

한다. 이때 염두에 둘 점은 자연스럽고 편안하게 상황을 즐기는 자세이다. 그래야 상대의 긴장을 풀어 편안하게 해줄 수 있으며, 이는 좋은 인상으로 남게 된다.

### 3. 신뢰감을 주는 엘리베이터 피치

어느 정도 업무 개요에 대한 얘기가 진행되면 고객은 일을 제대로 해내리라는 확신을 얻기 위해 자신에 대한 이야기를 듣고 싶어 할 것이다. 자신이 어떤 일을 하고, 어떻게 도울 수 있는지 간략하게 설명하는 것을 일종의 엘리베이터 피치라고 한다. 이는 고객에게 신뢰감을 심을 수 있는 소중한 기회다. 자신이 제공할 수 있는 것에 대해 자유롭게 얘기하려면 미리 자기 자신을 어떻게 묘사할지 연습해 두어야 한다. 평소 이러한 준비를 해두도록 하자.

### 4. 한발 앞선 노력

미리 조사해 놓은 내용을 바탕으로 잠재 고객에게 자신이 생각하는 새로운 개선 방향을 제시해 보자. 그들이 미처 생각지 못한 제안을 해보는 것이다. 가령, 새로운 웹사이트 기능이나 로고 리브랜드 작업들을 제안해 볼 수 있다. 미팅을 하기에 앞서 제안할 내용에 대한 초안을 작성해본다. 이렇게 사소한 데까지 주의를 기울이는 모습은 깊은 인상을 남길 것이다.

나아가 현재 진행되고 있는 프로젝트가 마무리될 즈음에 고객에게 애로사항이나 계획하고 있는 다른 일들을 넌지시 물어볼 수도 있다. 더욱 적극적으로는 고객이 필요로 할 만한 새로운 아이디어를 제시해 볼 수도 있다. 가령, 프로젝트가 브랜드 비주얼 아이덴티를 만드는 일이었다면 이를 활용한 애플리케이션 상품을 만들어 추가적인 수익으로 연결시킬 수 있다. 새로운 브랜드를 경험하고 기념할 만한 굿즈 상품이나 패키지 상품 등이다. 고객은 미처 생각지 못했던 아이디어를 얻게 되고, 자신에게는 추가적인 프로젝트로 연결시킬 수 있다.

## 5. 즉답을 피하는 센스

고객들은 모두 바빠서 요구하는 비용을 지급할 수 있는 예산의 범위인지 혹은 자신들의 요구에 맞는 능력을 갖추고 있는지 재빨리 알아내기를 원한다. 거기에 압박을 느껴 상대에게 자신이 가진 패를 전부 보여줄 필요는 없다. 잠시 자리를 옮겨 제안서의 세부 사항을 검토해 볼 수 있는지 말해 보자. 또는 다른 동료나 상사의 의견이 필요한 사안이라고 말할 수도 있다. 이를 통해 즉답을 피하면서 여유 시간을 가질 수 있다. 그럼으로써 성급하게 무모한 결정을 내리는 위험을 피할 수 있다.

## 6. 긍정적인 인상 남기기

회의는 항상 좋은 분위기로 마무리하자. 공격적인 접근보다는 부드러운 태도가 사업에 훨씬 효과적이라는 사실을 항상 기억하자. 시간을 내준 것에 대해 감사를 표시하고, 같이 일하는 데 대해 기대가 크다고 말하자. 그 일이 자기 일처럼 정말 흥미롭다는 애정의 뜻을 전하는 것이다. 어떤 고객인들 자기 일처럼 대하는 전문가를 마다할 것인가.

## 능숙하게 인맥 쌓기

사람들을 직접 만나는 일을 대신할 방법은 없다. 아는 사람의 범위를 늘리고 싶다면 트위터, 페이스북, 인스타그램 등 소셜 네트워크에서만 머물지 말고 밖으로 나가 사람들을 만나야 한다.

인맥 쌓기는 그저 자신을 고용할 사람을 만나거나, 자신의 능력이 필요한 사람에게 정보를 전달하는 것을 의미하지는 않는다. 그것은 사람들과 대화하고 가치 있는 관계를 쌓아 업계에서 인맥을 넓히는 과정이다. 전시회 개막식, 업계 컨퍼런스, 특정 네트워크 행사 등 장래에 함께 일할 고객이나 협업자와 어울릴 기회는 다양하다. 부끄러워하거나 위축되지 말고 자신에게 가장 잘 맞는 행사를 골라 적극적으로 참석해 보자.

### 1. 기초 작업

형식적이지 않은 행사에 참여했을 때라도 효과적으로 인맥을 쌓고 싶다면 행사에 참석하기 전에 사전 조사를 해보자. 어떤 사람들이 참석하는지 알아보고, 정말 만나고 싶은 사람이 있다면 메일을 보내 자신도 참석한다는 사실을 알리도록 한다. 어색함을 없애는데 도움이 된다. 소셜 네트워크를 통해 그 행사와 관련된 해시태그도 과감히 사용해 본다. 사람들에게 알리고 교감을 이끌어 낼 수 있다. 다른 사람의 포스트에 관심을 보여줄 수도 있다.

### 2. 적합한 이벤트 찾기

전시회 개막식이나 지역 전람회, 업계 컨퍼런스, 스피드 네트워킹 등 사람들의 연락처를 얻고 자신의 이름을 널리 알릴 수 있는 기회는 가까운 주변에도 많다. 자기에게 맞는 행사를 찾아 가능한 한 많이 참가해 보자.

### 3. 좋은 첫인상 남기기

용모는 전문가답게 갖추고, 악수를 힘차게 하고, 관심 있는 미소와 눈빛을 교환해 보자. 이런 행동은 상대에게 좋은 인상을 남긴다. 하지만 제일 중요한 것은 지나치게 긴장하지 않는 것이다. 그래야 진정한 관계를 맺을 수 있다.

### 4. 열정을 공유하자

열정에 관해 얘기할 때 가장 전파력이 강한 법이다. 자신의 열정을 사람들에게 보여주고, 그들의 열정도 이야기할 수 있도록 만들어 보자. 기억에 남는 대화를 나누게 될 것이다.

### 5. 대화 중간에 끼어들지 않기

인맥을 잘 쌓는 사람은 경청을 잘 해서 상대를 특별하게 만드는 사람이다. 상대에게 질문을 많이 던지고, 혼자서 많은 얘기를 늘어놓기보다는 다른 사람들이 얘기할 기회를 준다. 다른 사람의 얘기를 들으면 그만큼 상대에 대한 많은 정보를 얻게 된다.

### 6. 과도한 기대는 금물

행사에 참석한 것만으로 성과가 바로 나온다고 생각했다면 착각이다. 그런 일은 절대로 생기지 않는다. 그 대신 새롭게 맺은 관계를 잘 키워나가고, 그들의 소속과 하는 일에 대해 파악하도록 하자. 신뢰를 쌓는 일은 시간이 든다. 진정성을 갖고 꾸준히 노력하면 언젠가 그 연락처들이 새로운 고객으로 바뀌는 날이 올 것이다.

### 7. 유연한 자세

강매하는 영업사원을 좋아할 사람은 아무도 없다. 물건을 사고파는 자리가 아니라 인맥을 쌓기 위해 사람들이 모인 자리라면 더욱 그렇다. 자기 일에 대해 성의 있게 설명하되 뭔가를 강요하지 않도록 조심하자.

### 8. 지원해서 발표하기

관련 업계 사람들의 레이더에 걸리려면 참여한 행사에서 자발적으로 발표할 수 있는 기회를 만드는 것이다. 자기 이름을 많은 사람에게 즉시 알릴 수 있다. 발표 후에는 사람들이 자신을 찾아와 인사와 함께 명함을 건넬 것이다. 인상을 오래 남길 수 있는 최선의 방법이다.

### 9. 꾸준히 연락하기

네트워킹은 새로운 관계를 쌓아야 하는 과정이다. 관계를 잘 유지하려면 첫 만남 뒤에 후속 조치를 잘 해서 자신의 존재를 계속 기억하도록 해야 한다. 행사가 끝나면 어울리고 싶은 사람들에게 바로 메일을 보내고, 계속 관계를 쌓아가도록 하자.

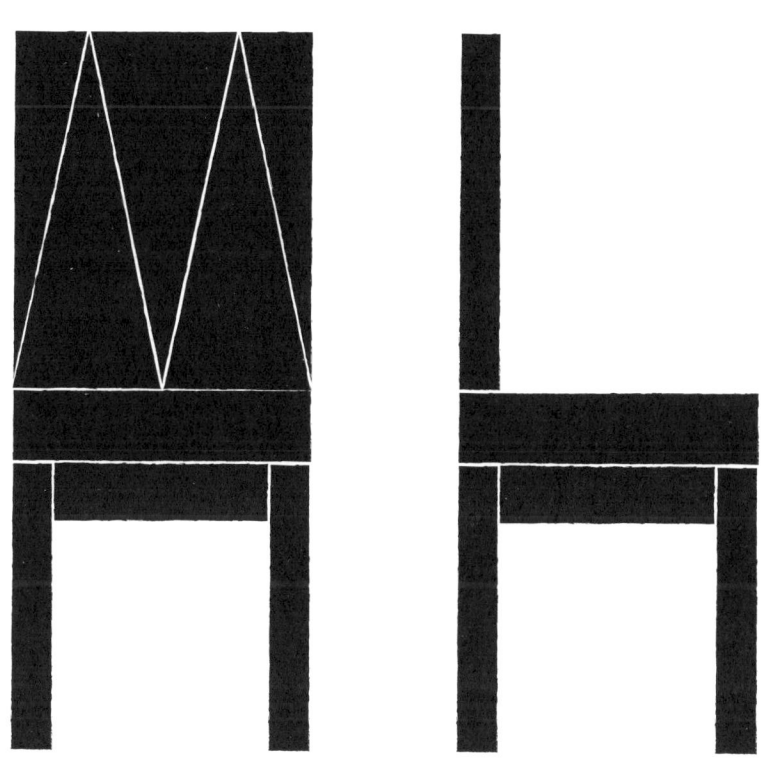

## 행사, 직접 주관하기

정말 이름을 널리 알리고, 새로운 사람을 만나고, 비즈니스를 넓히고 싶다면 직접 행사를 주관해 보는 것은 어떨까?

목적에 맞게 행사의 유형과 규모는 다양할 수 있다. 짧은 시간에 서로 모르는 사람들이 효과적으로 친밀한 관계를 맺을 수 있는 스피드 네트워킹인가? 같은 업계에서 이름을 알고 있지만 만날 수 없었던 사람들끼리 친밀감을 높이기 위한 관계 맺기의 네트워킹인가? 프리랜서나 스튜디오, 창업 회사가 브랜드 인지도를 높이기 위한 셀프 프로모션 파티인가?

어떤 경우이든 행사를 직접 주관하는 일은 개인이든 스튜디오이든 브랜드 인지도를 높일 수 있는 좋은 방법이다. 스스로 이슈를 만들어냄으로써 널리 입소문을 퍼트릴 수 있다. 한 장소에서 짧은 시간에 많은 사람과 인맥을 쌓을 수 있고, 브랜드 이미지를 각인시킬 수 있다. 규모보다는 참여한 사람들에게 좋은 인상으로 남을 수 있도록 독특한 스토리를 만들어 내는 것이 중요하다.

### 1. 독창적인 콘셉트 찾기

주변에는 늘 규모와 상관없이 여러 행사가 다채롭게 펼쳐지고 있다. 몇몇 행사들을 살펴보고 어떻게 해야 차별화된 독특한 행사를 만들 수 있을지 생각해 보자. 특별한 강연 프로그램을 포함하거나, 각자의 소장품을 교환하는 벼룩시장 콘셉트로 소규모 파티를 여는 것은 어떤가?

## 2. 적합한 장소 물색하기

장소를 고를 때는 신경써야할 사항이 많다. 교통편, 주차공간, 수용인원, 장애인 편리 시설 등을 확인해야 한다. 크기와 여건에 상관없이 자신의 사무실을 개방하여 활용해 보는 것은 어떨까?

## 3. 적절한 시간대 정하기

사람들은 하루 중 언제쯤 이벤트에 참여할 수 있는 시간이길 원할까? 초청하고자 하는 대상이 누군가에 따라 정해야 할 일이다. 프리랜서라면 저녁 시간이 더 적합할 것이다. 대상에 따라서는 오후 시간에 할 수도 있다.

## 4. 시작은 작게, 목표는 크게

야망에 차 있는 건 좋지만 행사를 거대하게 만들기 전에 행사장을 채울 방문자의 수를 생각해야 한다. 넓은 장소에 손님들이 적게 온다면 썰렁해진 분위기를 어찌 감당하겠는가? 처음부터 무리하게 벌이기보다는 알찬 기획으로 경험을 쌓아가는 게 좋다.

## 5. 타인의 재능을 활용하자

다른 사람들과 협업하면 더 좋은 아이디어가 나올 수 있다. 자신과 다른 역량을 갖고 있거나 역할을 나눌 수 있는 사람이면 좋다. 소셜미디어 활동의 스킬을 가진 사람을 찾을 수 있다면 청중을 불러 모으는 데 큰 역할을 하게 된다.

## 6. 사람들에게 알리기

인터넷과 소셜미디어의 발달로 행사를 알리는 일이 훨씬 쉬워졌다. 인스타그램, 페이스북, 트위터 등으로 소식을 알리자. 전자 뉴스레터도 발행하고, 사람들에게 개인적으로 초대장을 보내는 것도 좋다. 규모가 크다면 인터넷 매체와 관련 커뮤니티 사이트들을 활용할 수도 있다. 때로는 입소문이 가장 큰 도움이 된다.

## 7. 인센티브를 제공하자

모두들 분주하게 사는 사람들이다. 행사에 참여하도록 하려면 참가자들이 얻어가는 것이 있어야 한다. 관련 기업이나 기관 등에 스폰서로 상품 지원을 요청해 볼 수도 있다. 관련 도서나 증정용 사은품 등도 좋다. 간단한 다과나 커피, 음료는 꼭 준비해야 한다.

## 8. 열정을 펼치자

아주 적은 예산으로 행사를 운영하고 있더라도 프로젝트가 즐겁고 적절하다면 참여도는 높을 것이다. 문제는 자신이 하는 일에 공감하는 열정적인 사람들이 얼마나 많은가 하는 것이다. 그러기 위해서는 자신의 열정부터 보여야 한다.

## 9. 최악을 예상하자

플랜 B, C까지 준비하자. 프레젠테이션을 위한 노트북, 빔프로젝터, 스피커, 마이크 등 어떤 문제가 일어나도 대처할 수 있도록 해야 한다.

## 10. 행사장에선

자신이 개최한 이벤트이므로 사람들이 문을 들어섰을 때 가장 먼저 만나는 사람은 바로 자신이어야 한다. 그들을 반갑게 맞이하고 자신이 개최자임을 알린 후, 감사의 뜻을 표한다. 행사가 진행되는 동안 방문객들이 불편하지 않도록 잘 돌보고, 도움을 주어야 하며, 사람들이 서로 잘 어울릴 수 있도록 신경 써야 한다.

## 11. 어색한 분위기 누그러뜨리기

네트워킹 이벤트에서 가장 어려운 점은 사람들이 서로 소통하게 만드는 일이다. 대화를 유도하고 소개를 잘하는 방법은 사람들에게 이름을 적은 이름표를 나누어주고, 쉽게 대화를 나눌 수 있는 주제를 던져주는 것이다. 자동차나 여행처럼 참가자들이 좋아할 수 있는 주제를 준다.

## 12. 강연자를 초청하자

이벤트 행사로 강렬한 인상을 남기고 싶다면 연사를 초청하는 것은 어떨까? 전문적인 지식을 공유함으로써, 청중에게 가치를 전달할 수 있는 사람이면 좋겠다. 강연이 성공적이면 사람들은 이벤트를 슬기게 될 것이고, 다른 이들에게도 추천할 뿐만 아니라 빠르게 입소문으로 퍼져나갈 것이다.

# 해야 할 것과 하지 말아야 할 것

<u>해야 할 것</u>

**1. 열린 자세**

몸짓을 적절하게 사용하고, 악수를 하고, 상대와 시선도 잘 맞추자. 완고한 자세를 취하지 말고 공통의 관심사를 찾아보자.

**2. 듣고 이해하기**

누군가를 처음 만났다면 상대를 이해할 수 있는 좋은 기회이다. 상대의 말을 경청하고 관심을 보이자. 공감대를 찾아내고, 다음의 만남으로 이어갈 수 있는 가벼운 장치를 마련하는 일도 좋다.

**3. 사람들을 소개해주기**

주변의 사람을 서로 소개해주면 자신의 네트워킹 역량을 내보일 수 있고 동시에 좋은 인상도 남길 수 있다. 관심사가 맞는 사람일수록 좋고, 서로의 문제를 함께 풀어갈 수 있는 파트너 관계로 발전할 수 있다면 더욱 좋다.

**4. 명함 주기**

명함 없이 네트워킹 행사에 참여하는 것은 큰 실수다. 사람들이 어떻게 자신을 기억하겠는가? 명함을 건네는 일만큼 명함을 받는 것도 중요하다. 잠재 고객의 목록으로 중요한 자산이 된다.

하지 말아야 할 것

**1. 아는 사람에게 바로 다가가지 말 것**

새로운 인맥을 쌓으려면 편안한 친구들에게서 벗어나 새로운 사람들에게 다가가 자신을 소개해야 한다. 미리 참가자들의 면면을 파악하여 참석한다면 더욱 효과적인 인맥을 쌓을 수 있다.

**2. 딱딱한 자세 버리기**

훌륭한 네트워킹은 사람들을 따돌리는 게 아니라 사람들과의 관계를 돈독히 하는 것이다. 행사는 관계를 쌓기 위한 열린 공간인 만큼 열린 마음으로 적극적인 자세를 취하는 것이 허용된다.

**3. 경쟁사 사람들을 소홀히 하지 말 것**

목적만을 앞세워 새로운 고객만 찾아 나서지 말아야 한다. 같은 분야에서 일하는 사람들과도 친밀하게 교감을 쌓도록 하자. 언제 서로를 필요로 하게 될지 모른다.

**4. 후속 조치를 잊지 말 것**

행사 후에는 꼭 만났던 사람들에게 친근한 내용의 전화나 이메일을 돌리자. 그들이 자신을 잊으면 안 되니까.

케이스 스터디

## "사소한 만남까지 잘 가꾸었다"

찰스 장 / 팝 아티스트

팝 아티스트 찰스 장은 회화뿐 아니라 다양한 기업과 협업을 한다. 비결은 인맥. '사소한 만남까지 소중히 잘 가꾸었다'는 그의 인맥 쌓기 조언.

www.charlesjang.com

### 1. 적극적으로 나서자

처음 활동을 시작할 당시 '스튜디오 유닛'이라는 인터넷 커뮤니티 클럽에서 많은 젊은 작가들과 교류했다. 온오프라인 전시회에 참여하면서 작가들과 만남을 넓혀갔다. 좋아하는 전시를 찾아가고, 때론 뒤풀이 자리까지 참여해 작업과 인생에 대해 폭넓게 이야기를 나누었다.

하지만 누구도 건배를 제의하는 사람이 없었다. 그래서 나섰다. "자, 여러분 오늘은 홍길동 작가의 개인전입니다. 축하의 의미에서 다 같이 잔을 높이 들어 건배합시다. 제가 홍길동을 외치면 여러분은 브라보를 외쳐주세요!" 이렇게 횟수가 늘다 보니, 어느 순간부터 '건배 제의 작가'라는 호칭까지 얻었다. 이런 적극성이 자신의 존재를 보다 확실하게 심을 수 있었던 셀프 브랜딩이 되었다.

## 2. 모든 인연은 소중하다

모든 인연은 소중하다. S 모바일 관련 프로젝트를 하면서 알게 된 회사 임직원들과도 등산이나 여러 아웃도어 레저 활동을 이어간다. 그런 관계에서 많은 조언을 얻는다. 그림을 좋아하는 한 지인께서는 2주간의 파리 여행까지 보내주었다.

초기에 아이돌 그룹 빅스(VIXX)와 협업을 하게 된 계기도 자신의 그림을 산 고객의 도움이었다. 고객의 친구가 엔터테인먼트 회사를 운영했고, 관계와 관계의 연결로 이어진 일이다. 네트워크는 연예계까지 넓게 퍼졌다. 그림 그리는 연예인 하정우, 나얼, 모세, 솔비 등등. 그들의 전시를 찾아가 축하해주고, 또 그들이 찾아준다. 때론 전시를 같이한다.

## 3. 자신을 먼저 파악하자

자신과 잘 맞는 파트너를 찾으려면 무엇보다 많은 경험과 만남이 필요하다. 자신이 어떤 스타일인지를 아는 것이 중요하다. 아무래도 비슷한 결이 만나야 서로 조화로울 수 있기 때문이다. 나를 잘 아는 것이 좋은 궁합을 만날 수 있는 길이다.

## 4. 좋은 사람을 만나사

인맥을 잘 쌓으려면 좋은 사람들을 만나야 한다. 좋은 사람이란 누구인가? 신용과 믿음이 있고 긍정적인 사람이다. 이런 사람들은 또 다른 좋은 인연을 연결시켜 준다. 머리로 사람을 만나려고 해서는 안 된다. 가슴으로 느끼고 소통해야 한다.

## 챕터 요약

1. 고객들에게 원하는 바를 제공하자. 요구사항에 맞게 제대로 일을 처리하는 것이 입소문에는 가장 기본적인 방법이다. 그 다음이 기대치 이상으로 만족시키는 일이다.

2. 준비를 잘 갖추고, 단정하고 친근한 자세로 고객을 대하자. 상대 회사에 대한 이해를 내비쳐서 예비 고객에게 좋은 인상을 남기자. 그런 다음 자신의 역할을 찾아내자.

3. 인맥을 쌓는 요령을 터득하는 것은 언젠가 도움이 된다. 밖으로 나가서 행사에 참석하자. 직접 행사를 여는 것도 적극적인 방법이다. 사람들을 직접 만나는 일을 대신할 방법은 없다.

4. 대규모 행사가 열리는 곳을 조사해 보자. 주요 컨퍼런스가 지구 반대편에서 열리더라도 그곳에 가서 좋은 일을 얻게 될 수도 있다. 비용과 시간을 들일만한 가치가 충분하다.

5. 한 달에 적어도 한번은 네트워킹 행사에 참석하도록 하자. 전시회든, 파티든, 컨퍼런스든. 지속해서 인맥을 넓혀야 한다.

6. 후속 조치는 언제나 중요하다. 새롭게 알게 된 사람들에게 계속 관심을 기울이지 않는다면 그 사람과 관계를 맺으려고 들인 시간과 노력이 모두 허사가 된다.

다른 사람이 먼저
관심을 가질 것이라고 기대하지 말아야 한다.
그들보다 먼저 관심을 보여야 한다.

사람과 사람 사이의 연대감을 믿어야 한다.
결국 사람이야말로 '사회적인' 플랫폼인 것이다.

# 6장
# 소셜 네트워크 서비스(SNS)에 올라타기

오늘날 소셜 네트워크 서비스(SNS)의 영향력을 배제할 수는 없다. 프리랜서이든 스튜디오이든 상관없다. 자신을 브랜딩하고 알리는 것이든, 고객을 위해서든 마찬가지다. SNS의 위력은 의심할 여지없이 강자로 등극했다.

매주 30명의 팔로워와 250명의 좋아하는 사람을 모으려고 한다. 하지만 이 목표는 20명의 좋아하는 사람과 2명의 팔로워를 확보하는 결과에 그친다. 무력감을 느낀다. 슬라이드 쇼, 스폰서 게시물, 비즈니스 계정의 전환 등 할 수 있는 모든 것을 시도했지만 결국은 지친다. 해시태그는 기능을 상실했고, 호응도 떨어진다.

낯설지 않은 얘기인가? 이 정도라면 끊임없이 변화하는 알고리즘과 상관없이 포스팅한 콘텐츠를 관리하기 위한 SNS 활동이 마치 풀타임 업무처럼 느껴질 것이다.

당신의 경우는 어떤가? 도달률과 참여도를 더욱 높이기 위한 실질적인 방안을 갖고 있는가? 프리랜서이든, 스튜디오를 운영하든, 모든 것을 갖춘 에이전시에서 일하든 자신과 고객을 위해 SNS를 보다 효과적으로 활용할 수 있는 방법은 무엇일까?

## 타깃 고객층과 소통하기

모든 SNS는 이용자 개개인에게 가장 관련성이 있는 콘텐트를 보여줌으로써 참여도를 높이는 것을 목표로 한다. 페이스북의 경우, 뉴스피드 랭킹 알고리즘은 사용자가 관심을 가질 만한 관련성 있는 정보를 먼저 제공하겠다는 목적으로 만들어진 시스템이다. 이는 관련 콘텐트를 게시하지 않거나 팔로워의 관계가 약할 경우는 팔로워가 수천 명이라도 비용을 들여 홍보하지 않는 한, 내 콘텐트가 그들에게 노출되지 않는다는 것을 의미한다. 즉, 단순히 페이지 '좋아요' 숫자만 늘리는 것으로는 내 콘텐트의 도달률이 늘어나지 않는다는 말이다.

이렇게 생각해 보자. 어떤 주제로 콘텐트를 만들어 올린다. 가까운 지인 중에서 관심 있는 사람이 먼저 호응을 보일 것이다. 마치 한정판 샘플처럼. 이렇게 기본적인 조건이 형성되고 나면, 게시한 콘텐트가 얻게 되는 참여도의 정도에 따라, 해당 SNS에서 그것을 더 많은 대상에게 공개할지와 방법이 결정된다. 이 상태에서 형성되는 참여도가 다시 노출의 정도를 결정하고, 계속 그런 식으로 진행되어 나가는 것이다.

이렇듯 각 SNS의 알고리즘이 작동하는 방식을 정확히 파악하는 것은 중요하다. 그에 따라 사용법과 결과를 향상시키는 방법을 찾아 모든 단계에서 참여를 확대할 수 있도록 자신의 게시물 결과를 지속적으로 개선할 수 있기 때문이다. 결국, 빈틈없는 SNS 전략을 수립하는 근본적인 작업은 핵심 대상을 목표로 삼는 것부터 시작하는 것이다. 그들은 누구인가, 어디에 있는가, 그리고 그들은 무엇을 원하는가?

## 딱 맞는 소셜 네트워크 서비스 선택하기

매달 20억 명이 넘는 적극적인 사용자들로 차 있는 페이스북은 규모가 아주 커서 무시할 수가 없다. 밀레니엄 세대와 X 세대에 이르는 폭넓은 연령층으로 가장 좋은 장소이다. 그런 만큼 사람들로부터 눈에 띄기가 점점 어려워지고 있다는 점도 간과할 수 없다.

인스타그램은 월간 사용자가 평균 7억 명에 이르러 트위터의 두 배이다. 90퍼센트는 35세 미만이고, 그중 68퍼센트가 여성이다. 핀터레스트는 월간 약 7000만 명이 사용하고 있는데, 그중 81퍼센트가 여성이며, 18세부터 64세까지 균등하게 분포된 대규모 소셜 플랫폼 중 하나이다.

그렇지만 정작 현업에서 일하는 전문가들에게 주목받는 채널은 월간 사용자가 평균 1억 6000만 명인 링크드인이다. 새로운 직장을 구하는 사람들과 B2B(글로벌 비즈니스 인맥) 콘텐트에 완벽한 플랫폼이다.

각각의 SNS는 디자인과 타깃 고객이 다르므로 이에 대해 고려 사항을 살펴야 한다. 먼저 각 SNS의 인터페이스 설계를 주의 깊게 살펴봐야 한다. 인스타그램은 가장 시각적인 인터페이스 중 하나이며, 이는 디자이너들을 비롯한 창의적인 아티스트들에게 매우 유용하다. 올리고자 하는 콘텐트나 판매하는 제품이 시각적으로 매력적이라면 더욱 효과적이다. 하지만 이용자 성향은 젊은 층에 기울어져 있다. 그래서 컨설팅 서비스나 B2B 제품을 판매하는 경우에는 효과가 떨어질 수도 있다. 하지만 링크드인은 자연스럽게 B2B 홍보의 장으로 활용될 수 있다.

## 잘 띄게 하는 법

먼저 연결망을 구축해야 한다. 각 SNS의 계정에서 자신의 스트림과 피드 또는 프로필에 콘텐트를 게시해야 한다. 이때 관련 해시태그를 적절하게 활용할 수 있다. 어떤 SNS를 시작하든 첫 화면과 소개 글을 준비해야 한다.

다른 한편으론 참여할 만한 좋은 커뮤니티를 찾아 가입해야 한다. 이는 트위터의 대화에 참여하거나 페이스북 그룹에 가입하거나 링크드인 커뮤니티에서 활동하거나 인스타미트를 통해 만남을 갖는 등의 커뮤니티를 구축하는 형태이다.

모든 SNS의 알고리즘이 제각기 다르게 작동하지만 해법은 같다. 다른 사람들이 먼저 관심을 가질 것이라고 기대하면서 콘텐트를 올리지는 말아야 한다. 그들보다 먼저 관심을 보여야 한다. 그들이 자신의 콘텐트를 좋아하게끔 만드는 것이다.

사람들과의 관계를 발전시키는 최선의 방법은 직접적으로 자신을 홍보하는 것이 아니라 대화에 참여함으로써 자신의 관점과 독특한 경험을 건설적인 방법으로 드러내는 것이다. 그들이 프로필을 확인하러 가지 않아도 자신이 누구인지 알아볼 수 있도록 하는 것을 목표로 해야 한다. 어느 시점에선 그들이 자신을 팔로잉할 것이고, 자신의 콘텐트에 점점 매료되기 시작할 것이다.

또한 이미 자신을 팔로잉한 사람들과 더 나은 관계를 만드는 데에도 노력해야 한다. 팔로워의 프로필을 찾아보고 그들의 게시글에 진지하게 반응을 보여주어야 한다. 많이 참여할수록 많이 드러나 자신의 포스팅에 대한 유기적인 도달 범위가 확장된다. 이 참여도는 곧 유효 도달 범위의 효율성을 결정하는 요인이 된다.

## 포스팅 빈도 실험

포스팅의 수명은 각 SNS의 알고리즘에 따라 결정된다. 페이스북은 자신이 최근에 대화를 나눈 사람에서부터 실시간으로 포스팅한 내용에 이르기까지 수천 가지 요인들을 고려한다. 간혹 2, 3일 지난 콘텐트가 뉴스 피드의 맨 위에 실리는 것도 그런 이유에서다. 따라서 하루에 여러 번 포스딩해야 한다는 압박을 느낄 필요가 없다. 사실 포스팅을 너무 자주 업데이트하면 해당 SNS의 알고리즘은 자신의 콘텐트를 볼 수 있는 사람의 수를 제재하기 시작한다. 알고리즘은 모든 사람에게 동일하게 적용되지 않는다. 그러므로 여러 가지 빈도로 포스팅을 시도해 봐야 한다. 이를 통해 어떤 경우가 가장 효과적인지 알아내야 한다.

다양한 SNS에서의 포스트 주기와 관련해서 얼마나 자주 그리고 언제 포스팅을 해야 하는지를 참고해 볼 수 있다. 페이스북 게시물은 약 5시간 정도 지속한다. 인스타그램은 21시간, 핀터레스트는 4개월, 링크드인은 24시간, 유튜브는 20일간 지속한다. 트위터는 18분으로 지속시간이 가장 짧다.

포스팅의 적절한 빈도와 시점을 찾아내는 가장 좋은 방법은 특정 잠재 고객의 관심이 가장 높을 때를 찾아내는 것이다. 서로 다른 시간대에 포스팅해 보고 분석 도구를 활용하는 것이다. 페이스북 인사이트, 트위터 애널리틱스, 구글 웹 로그 분석, 그리고 다양한 SNS의 대시 보드 등의 분석 기능을 사용하여 목표로 하는 대상이 언제 온라인에 머무는지를 정확하게 파악하는 것이다.

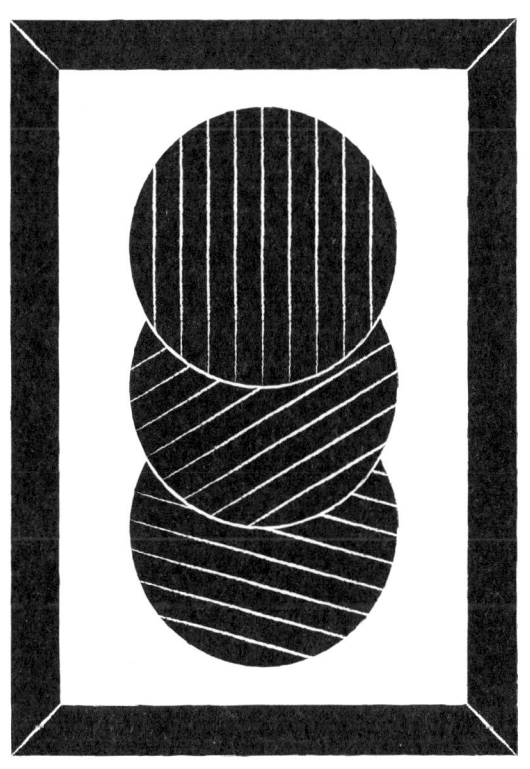

## 헛된 지표에 빠지지 않기

무엇을 하든지 간에 헛된 지표의 측정 항목에 사로잡혀서는 안 된다. 친구, 팔로워, 좋아요 등의 숫자 같은 표피적인 기준들이다. 이보다는 다른 지표들을 깊이 있게 들여다보자. 구글 애널리틱스의 획득(Acquisition) 보고서에 들어가면 소셜로 표기되는 수치를 통해 어떤 SNS가 가장 많은 트래픽을 가져오는지를 파악할 수 있다. 그것을 바탕으로 SNS의 관계를 추구하고, 대화로 나아갈 수 있다.

SNS의 한 지표로서 '도달(reach)'이란 것이 있는데, 이것은 종종 상황을 잘못 판단하게 만들 수 있다. 이는 단지 잠재적으로 자신의 콘텐트를 봤을 것이라고 예상되는 사람들의 숫자를 나타내는 것일 뿐이다. 참여도야말로 잠재 목표 대상이 어떤 반응을 보이는지를 측정하는 정확한 기준이다. 이는 서로 다른 무게와 가치를 지닌 다양한 형태로 나타난다. 예를 들어, 페이스북에서는 '공유'가 '댓글'이나 '좋아요'보다 가치가 있다.

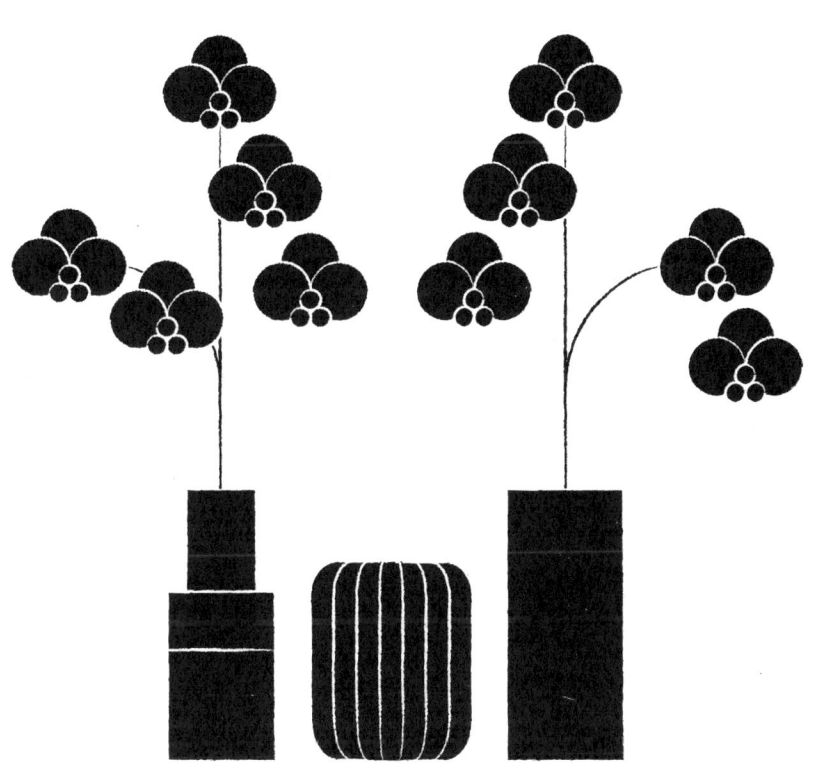

## 기술적 고려 사항들

목표 대상과 관계를 맺는 것, 그리고 분석 툴들을 익히는 것 외에도 포스트에 사람들이 쉽게 참여할 수 있도록 만들어 주는 많은 기술적 요령들이 존재한다. 더 많은 사람이 더 깊게 참여하도록 돕는 것이다.

SNS 관리 전문가로 구성된 버퍼(Buffer)에 따르면 이미지가 있는 트윗은 그렇지 않은 트윗보다 150퍼센트 더 많은 리트윗을 받는다. 함축적인 메시지가 담긴 강렬하고 단순한 이미지들이 가장 효과적이다. 특히 밝은색의 그래픽이나 이미지 콘텐트가 좋다. 사람들은 스크롤을 빠르게 움직인다. 스크롤을 멈추도록 할 시간은 찰나에 불과하다.

인스타그램과 핀터레스트 같은 이미지 공유 사이트에서 눈에 띄기 위해서는 많은 수고가 필요하다. 생동감 넘치는 컬러들, 잘 디자인된 레이아웃, 고화질 사진들을 사용해야 한다. 또한 이미지가 하나의 이야기를 전달하고 있음을 분명히 해야 한다. 만일 고객을 위한 SNS 활동이라면 제품이나 서비스를 새로운 관점에서 보여줄 수 있도록 시도해야 한다.

포스트의 문장 역시 중요하다. 소셜미디어 이그재미너(Social Media Examiner)가 약 3,000명의 마케터를 대상으로 벌인 조사에 따르면 절반이 넘는 응답자가 시청각 콘텐트가 지배하는 SNS 환경에서 글로 된 콘텐트가 의외로 큰 반향을 일으켰다고 밝혔다.

따라서 스토리텔링의 힘을 기억할 필요가 있다. 글로 만들어진 독창적인 콘텐트로 선구적인 생각과 권위, 그리고 브랜드 정체성을 드러낼 수 있음을 간과해선 안 된다. 개성과 인격도 중요하다. 질문하고, 조언하고, 적절한 링크를 공유하도록 한다. 건설적이고 매력적인 것은 SNS 게임에서 기본이다. 무례한 태도는 자기 홍보에 방해가 된다. 자극적인 제목이나 내용으로 사용자들을 현혹하는 속임수나 쓰레기 정보 및 광고 등의 클릭케이트(낚시질) 전술도 하지 말아야 한다.

그렇다면 클릭을 유도하고 참여를 완벽하게 끌어내기 위한 포스트 글의 분량은 어느 정도가 알맞을까? 전문 기관의 데이터에 의하면 트위터에서 100자 이하의 글이 그보다 긴 글보다 높은 호응도를 받았다. 71자에서 100자 사이가 가장 적합하다. 페이스북도 마찬가지다. 요약하면 짧을수록 좋다는 것이다. 물론 그 내용이 적절하고 매력적이라는 전제에서다.

## 해시태그 검색

참여를 유도하는 또 다른 방법은 전략적인 해시태그를 사용하는 것이다. 트위터의 경우 해시태그가 있는 트윗의 참여도가 2배 더 많다. 1개 혹은 2개의 해시태그는 3개 이상의 경우보다 21퍼센트 높은 참여도를 보였다.

해시태그는 인스타그램에서 눈에 띄기 위한 수단으로 매우 중요하다. 인스타그램에서 해시태그의 적정 수는 게시물당 8개에서 12개 사이이다. 최대 제한은 30개이지만 해시태그를 과도하게 사용하면 스팸으로 보일 위험이 있고, 지나친 광고 느낌을 줄 수도 있다. 이들이 모두 널리 도달되고 있는지, 특히 일반적으로 사용되고 있는지를 꾸준히 확인해야 한다.

인스타그램의 신비한 '섀도우밴(shadow ban)'을 항상 조심해야 한다. 이는 팔로잉하지 않은 사용자들에게 자신의 게시물을 보이지 않게 감출 수 있는 기능이다. 하지만 같은 해시태그 세트를 사용하는 것을 차단하거나 의심스러운 콘텐트의 확산을 차단하기 위해 사용되기도 한다. 여기에 걸리면 자신의 콘텐트도 함께 차단될 수 있다.

이럴 때, 포스팅이 원천적으로 차단되지 않도록 하는 가장 좋은 방법은 논리적으로 로봇처럼 행동하지 않는 것이다. 대량의 호감이나 댓글 달기 또는 팔로잉도 지나치게 많은 경우도 때로는 '스팸'으로 간주할 수 있다. 따라서 해시태그를 자주 바꾸도록 노력하고, 모든 게시물에 대해 인기 있는 해시 태그 모음을 복사하여 붙이는 행위는 피해야 한다. 또한 이미 사용이 금지되었는지를 확인해 볼 필요가 있다.

## 결정타, 동영상 콘텐트

페이스북, 트위터, 인스타그램과 같은 SNS들은 고유한 동영상 콘텐트에 더 넓은 범위의 유기적인 도달을 가능하게 하여 성공적인 비즈니스를 돕고 있다. 이는 유튜브 등 다른 호스팅 서버로부터 링크되는 것과 달리 직접 SNS에 올리거나 그 자체로 만들어 재생할 수 있는 동영상이다. 페이스북 동영상의 경우 이미지나 사진보다 평균 유기적 도달률이 135퍼센트 증가하는 것으로 나타난다.

각 SNS는 자신들의 생태계에서 가능한 오랫동안 머물러 있기를 원한다. 그래서 페이스북은 유튜브 동영상을 공유하기보다는 동영상 콘텐트를 직접 올리거나 페이스북 라이브를 활용하도록 유도하고 있다. 이때 후자의 경우는 공유된 동영상보다 10배 더 많은 댓글을 받는 것으로 나타나고 있다. 트위터의 경우도 마찬가지이다. 고유한 동영상은 타사 플레이어보다 2.5배의 도달과 2.8배의 리트윗을 보였고, '좋아요'의 반응도 1.9배 높다.

진정한 결정타가 있다. 마케팅에서 동영상을 사용하는 기업은 그렇지 않은 기업보다 전년 대비 49퍼센트의 매출 증가율을 보였다. 또한 클릭률이 27퍼센트, 웹 전환율이 34퍼센트 더 높았다. 따라서 '더 나은 비디오 만들기' 방법을 터득하여 적절하게 전략을 수립하는 게 좋겠다.

궁극적으로 SNS 프로모션은 모든 종류의 홍보와 마찬가지로 적절한 잠재 고객과의 긴밀한 관계 구축에 관한 것이다. 사람과 사람 사이의 연대감을 믿어야 한다. 결국 사람이야말로 '사회적인' 플랫폼이다.

## 팁 1

# 포스팅 타이밍을 잡는 6가지 팁

포스팅이 잠재 고객의 스케줄에 맞아떨어지도록 하는 확실한 방법

### 1. 잠재 고객 찾기

웹 로그 분석, 방문자 통계, 유입 키워드 등을 서비스하는 구글 애널리틱스의 통계학적 조사를 통해 전 세계 시장에서 잠재 고객이 어디에 있는지 신속하게 파악할 수 있다. 소셜미디어 관리 플랫폼 버퍼와 같은 편리한 도구를 사용하여 잠재 고객을 찾고, 적절하게 타깃팅하여 포스팅 시간을 계획할 수 있다. 이를 통해 서로 다른 시간대의 문제를 피하고 설계에 집중할 수 있다.

### 2. 페이스북에는 이른 오후에 포스팅하자

페이스북에 포스팅하는 가장 좋은 시간대는 오후 1시부터 4시까지이다. 1시에 가장 많은 공유가 일어나고, 3시쯤에 가장 많은 클릭 수를 기록한다. 특히 수요일 오후 3시가 핵심적인 시간이고, 주말 정오도 그렇다. 평일의 페이스북 참여도는 목요일과 금요일에 가장 높은 것으로 나타났다. 하지만 토요일과 일요일 오후 1시에 게시된 게시물이 최대 32퍼센트 정도 높은 참여도를 얻는다고 주장하는 사람도 있다.

### 3. 트위터는 평일에 가장 잘 작동한다

트위터의 경우 최적의 시간대는 평일 12시부터 3시 사이다. 퇴

근 시간인 6시 전후에는 대중교통을 이용하는 회사원들을 잡을 수 있는 좋은 시간이다. 퀵 스프라우트(Quick Sprout)에 따르면 B2B 사용자라면 평일의 트윗이 더 많은 참여를 얻을 수 있다. 그러나 B2C 사용자라면 주말에도 트윗할 필요가 있다.

### 4. 핀터레스트는 토요일 저녁에 사용하자

핀터레스트에 게시하는 가장 좋은 날은 토요일 저녁 8시부터 11시(최고조 시간은 저녁 9시)와 금요일 오후 3시이다. 평일은 오후 2시부터 4시 사이에 절정을 이룬다.

### 5. 링크드인은 근무시간 전과 후

링크드인은 전문적인 소셜 네트워크이다. 그런 이유로 게시하기 가장 좋은 시간은 근무 주간이다. 최적의 시간대는 오전 7시부터 8시, 오후 5시부터 6시에 더 많은 반응을 보인다. 즉, 근무 시간인 9 to 5를 피하라는 것. 특히 화요일과 목요일이 최적이다.

### 6. 잠재 고객에게 주의를 기울이자

콘텐트를 게시하기 가장 좋은 타이밍은 잠재 고객이 주의를 기울이는 시점이다. 트위터 분석 서비스에서는 특정 기간 각 트윗에 대한 모든 활동의 데이터 시트를 확인할 수 있다. 이 데이터를 통해 최적의 시간대가 어느 정도 생산적인 것으로 나타났는지 여부를 확인할 수 있다. 또는 간단한 계산을 통해 노출과 트윗을 어느 요일에 집중해야 할지를 결정할 수 있다.

팁 2

## 소셜 네트워크 서비스 팩트 체크

놓치고 있을지 모를 소셜 네트워크 서비스 활용법 10가지

### 1. 최신 화제를 건드리자

페이스북은 사용자들에게 가능한 최고의 경험을 제공하고 싶어 한다. 그래서 콘텐트가 지닌 가치를 계속 평가한다. 이 평가의 기준은 사람들이 어떻게 판단하는가에 있다. 사람들은 인기가 많은 최신 화제들에 관심을 집중한다. 따라서 콘텐트가 그런 주제들을 담고 있을 때 페이스북은 시의적절하다고 판단하고 더 많은 대중에게 그것을 노출시킨다.

### 2. 당신의 포트폴리오를 드롭박스로 공유하자

트위터에서 드롭박스 파일을 공유하는 것이 가능하다. 프리랜서이거나 취업 혹은 새 직장을 구하고 있다면 최신 PDF 포트폴리오를 보여줄 좋은 방법이다.

### 3. 황금비율을 적용하자

내 콘텐트와 외부 콘텐트를 어떻게 섞는 게 적절할까? 오직 홍보만을 위한 포스트라면 얼마나 자주 올리는 게 바람직할까? 전문가에 따르면 독창적인 콘텐트 30퍼센트, 외부 관련 자료들로부터 발췌한 내용 60퍼센트, 홍보 내용 10퍼센트 비율로 섞는 것이 가장 바람직하다.

## 4. 페이스북 픽셀로 방문자를 추적하자

페이스북 광고 플랫폼은 직접 수집한 정보를 보완하기 위해 제3자 정보까지 활용한다. 광고를 볼 대상을 찾아가는 과정에서 페이스북의 정보 출처를 확인할 수 있다. 또한 자신의 추가적인 데이터를 목표 대상에 적용할 수도 있다. 페이스북 픽셀을 웹사이트에 설치함으로써, 방문자들을 추적할 수 있고 그들을 상대로 마케팅을 펼칠 수 있다. 만일 소비자들의 이메일 주소록을 보유하고 있다면, 이 정보 또한 페이스북 픽셀에 적용할 수 있다.

## 5. 해시태그들을 짝짓자

인스타그램은 자신의 관심사를 직접 모니터링하기도 하지만, 연관성과 유사성에 근거한 상식적인 추론을 내놓기도 한다. 예를 들면, 인스타그램은 내게 담배에 대한 포스트를 하는 게 좋다고 제안한다. 그런데 나는 담배를 피지 않는다. 대신 스카치위스키를 좋아한다. 담배와 위스키는 상식적으로 잘 연결되는 대상들이기 때문이다. 따라서 자신의 콘텐트에 직접 연관이 되지는 않지만 이론적으로는 연결이 되는 해시태그들을 사용할 수 있다. 그럼으로써 더욱 폭넓게 대중에 다가갈 수 있게 된다.

## 6. 해시태그들을 과장되게 사용하지 말자

인스타그램에서 해시태그를 가능한 한 정확하게 사용하자. 만일 25개 이상을 사용한다면, 혹은 여러 포스트에 같은 해시태그를 붙인다면, 인스타그램은 스팸으로 오인하고 해당 포스트 노출에 제한을 가할 수 있다.

## 7. 나중을 위해 핀할 수 있게 하자

핀하기 링크를 페이스북 같은 소셜미디어 포스트에 덧붙인다면, 사람들은 영감 넘치는 자신의 포스트를 나중에라도 읽기 위해 보관해 둘 수 있다는 것을 의미한다. 이는 더 많은 노출과 클릭 수를 창조하는 훌륭한 방법이다.

## 8. 양보다 질

링크드인은 보낼 수 있는 초대의 수를 제한한다. 그러나 일을 하면서 중요한 도움을 받을 수 있는 관계를 형성하기에는 아주 좋다. 따라서 가까운 에이전시에서 일하는 크리에이티브를 초대하는 것은 아주 좋다. 10년간 만나지 못한 고등학교 동창을 초대하는 것은? 별로 유용하지 않다.

## 9. 한 시간 안에 메시지에 응답하자

리티움 기술(Lithium Technologies)의 조사에 의하면, 소비자들은 트위터에서 브랜드로부터 많은 얘기를 듣고 싶어 한다. 브랜드에 트윗하는 사람들의 53퍼센트가 한 시간 안에 응답을 기대한다. 그 트윗이 항의성 내용일 경우, 그 비율을 73퍼센트까지 올라간다. 만일 고객의 소셜미디어를 관리하는 일을 하고 있다면 스파크 센트럴(Spark Central) 같은 소프트웨어에 투자하는 것을 고려해 보자. 고객 지원 트윗을 뛰어나게 관리해 준다.

팁 3

# 더 나은 동영상 만들기

이 10가지 팁으로 동영상 전략을 세워볼 수 있다.

### 1. 라이브 동영상을 정복하자

모든 SNS는 최고의 라이브 스트리밍 플랫폼이 되기 위해 경쟁하고 있다. 많은 얼리어댑터가 이를 통해 도달 범위를 넓혀 보람을 느끼고 있다. 페이스북 라이브 360으로 실험해보자. 인스타그램 스토리 등등.

### 2. 실시간 스트림 동영상에 도전하자

라이브 스트림 동영상들을 페이스북, 인스타그램, 유튜브(심지어 스냅챗)에도 올려놓고 어떻게 작동하는지 확인해 보자. 그리고 타깃 고객이 사용할 가능성이 있는 SNS에 동영상을 배포하자.

### 3. 일 분을 넘지 말자

사람들의 관심이 지속하는 시간은 매우 짧다. 인스타그램 스토리는 15초, 인스타그램 동영상은 60초 분량이 적당하다.

### 4. 시작은 강렬하게

동영상 콘텐트를 가능한 일 분 이내로 유지하자. 그리고 첫 20초간 사람들을 매료시킬 만큼 유혹적으로 말들자.

## 5. 소리가 당연히 들릴 것이라고 단정하지 말자

동영상 콘텐트를 만들 때 반드시 오디오가 필요하다고 생각하지 말자. 자막이나 간단한 캡션을 사용하여 어떤 내용인지 알려줄 수 있다.

## 6. 외부 마이크를 갖추자

외부 마이크 또는 샷건 마이크를 사용하여 음향의 질을 높인다면 동영상의 품질도 전반적으로 높아진다.

## 7. 동영상의 표지 이미지를 무시하지 말자

동영상에 어울리는 매력적인 맞춤형 표지 이미지를 만들자. 단 동영상 콘텐트를 정확하게 반영하도록 해야 한다.

## 8. 밝은 조명의 배경을 사용하자

나쁜 조명은 동영상의 품질을 낮추는 가장 빠른 길이다. 특히 모바일 기기로 촬영하는 경우라면 더더욱 그렇다.

## 9. 동영상을 검색에 최적화시키자

가장 중요한 것은 당연히 콘텐트이다. 그러나 사람들을 불러 모으는 데에는 검색 엔진 최적화(SEO)가 도움이 된다. 키워드를 조사하고, 언제나 설명과 관련 태그를 덧붙인다.

## 인터뷰

# 진짜 나의 이야기로 나를 드러내기

김영신 / 플로리스트

오블리크 플라워 디자인

instagram.com/kiimyoungshiin

아유미 호리 AYUMI HORIE / 도예가

아유미 호리 도자기 공방 Ayumi Horie Ceramics Studio

instagram.com/ayumihorie
instagram.com/potsinaction


존재만으로도 이미 충분히 아름다운 꽃을 더 아름답게 만드는 작업을 하는 플로리스트 김영신과 반려견 클로버와 함께 지내며 다양한 동물의 익살스러운 모습을 담은 생활 도자기를 만드는 아유미 호리와 소셜미디어에 관해 이야기를 나누어 보았다.

    **Q:** 소셜미디어를 통해 다가가고자 하는 대상은 누구인가요? 처음에 타깃 관객에 대한 정보와 관심을 얻기 위해 어떤 노력을 하셨나요?

    **김영신:** 타깃 같은 건 없었어요. 다만 소셜미디어를 통해 나는 이런 사람이고, 이러한 작업을 하고 있다는 것을 이야기하고 싶었을 뿐이에요. 소셜미디어가 지금처럼 활성화되지 않았던 2006년부터 개인 홈페이지를 운영해왔고, 나의 일상적이고 사소한 이

야기를 공개적으로 포스팅하고 있었어요. 그래서인지 소셜미디어로 옮겨 왔을 때도 익명의 청중들에게 나를 표현하는 것에 대한 거부감이 없었고, 몇 명이 나를 팔로우하는 지도 큰 관심이 없었어요. 사실 나도 팔로워 수를 늘리는 방법에 대해서는 잘 몰라요. 다만 내게 관심 가져 주는 분들은 내 이야기를 궁금해 하는 것으로 생각해요. 길을 걸을 때 마주치는 사람들 중 누군가를 고를 수 없듯이 소셜미디어에서 어떤 사람을 고를 생각은 없어요.

**아유미 호리:** 20년 전 처음 웹사이트를 만들 때부터 나의 목표는 한가지였어요. 대중의 도자기에 대한 관심, 더 구체적으로는 수작업을 통해 만들어진 도자기에 대한 관심을 넓히는 것. 그렇지만 처음부터 어떤 것이 인기를 얻을 것이고, 유명해질 것인지에 대해서는 별로 고민하지 않았던 것 같아요. 그보다는 최상의 작품을 만들어 그것을 최대한 명확하게 보여주는 것에 더 많은 신경을 썼어요. 유행을 좇다 보면 정작 집중해야 하는 내 작품에 쓸 시간만 허비하게 되더라고요.

소셜미디어 플랫폼이 존재하기 한참 전에 나는 크라우드 소싱을 목적으로 '생활 속 도자기(Pots In Action-이하 PIA로 표기)' 프로젝트를 시작했어요. 내 도자기를 구매한 고객들에게 생활 속에서 내 작품이 어떤 모습으로 사용되고 있는지를 보여주는 사진을 찍어달라고 부탁한 다음 그 사진들을 구글 맵 상에 핀으로 고정해 배열했어요. 이 프로젝트를 통해 나는 사용자와 아티스트 사이에 존재하는 큰 동그라미를 완성하고 싶었어요. 지금의 PIA는 나 뿐만 아니라 각 분야의 전문가들을 초청하여 큐레이터로 섭외해 몇 주간 도자기에 관련된 내용을 포스팅하는 형식으로 진행하고 있어요. 이 소셜미디어 프로젝트를 통해 전통을 이어나감과 동시에 아방가르드한 새로운 시도들 역시 포함하려는 노력을 하고 있답니다.

**Q:** 가장 선호하는 소셜미디어 플랫폼은 무엇인가요?

**김영신:** 내 작업의 특징상 오직 인스타그램만 이용하고 있어요. 글보다는 사진과 동영상 위주의 시각적 매체이고, 플랫폼의 인터페이스나 디스플레이 구조가 군더더기 없는 점이 마음에 들었어요. 하지만 안타깝게도 요즘 광고가 뜨기 시작하더군요. 또, 팔로우할 만한 계정도 추천해 주는데, 나는 좀 쓸데없는 참견 같다는 생각도 했어요. 좋은 것인지 나쁜 것인지는 모르겠지만, 처음의 가벼운 플랫폼에서 벗어나 스토리나 이미지 다중 포스팅 같은 새로운 기능들이 계속해서 추가되고 있어요.

**아유미 호리:** 지난 5년 동안 인스타그램에 집중해왔어요. 페이스북이나 다른 소셜미디어보다 훨씬 시각 중심적인 플랫폼이며, 사람들의 반응을 더 즉각적으로 확인할 수 있기 때문에 아티스트로서 자연스레 선호하게 되었어요. 물론 일반적으로는 페이스북에서 더 긴 글이나 긴 대화 참여에 대한 거부감이 적지요. 그래서 사람들이 활발한 논의를 펼칠 수 있다는 장점이 있어요. 하지만 인스타그램은 해시태그를 통해 쉽게 정보를 검색할 수 있고, 내가 관심있는 분야의 사용자가 팔로우하는 사람들을 볼 수도 있어 해당 분야를 더 깊이 파고들 수 있어요. 그래서 나는 항상 인스타그램에 먼저 포스팅하고 페이스북에 공유해요.

**Q:** 사람과 정보로 넘쳐나는 소셜미디어 속에서 자신만의 정체성을 만들어 나가기 위해 어떤 노력을 하셨나요? 자신을 드러

내기 위해 가장 중요한 것은 무엇이라고 생각하나요?

**김영신:** 나는 꽃을 좋아하는 사람이지만, 꽃이 나의 전부는 아니에요. 그래서 인스타그램 아이디가 업체명이 아닌 내 이름인 것이죠. 처음엔 개인 계정과 일에 관련된 계정을 분리해보려 했지만, 나는 그렇게 부지런하지도 않고 또 소셜미디어에 그렇게 많은 시간을 할애하고 싶지 않았어요. 그래서 일과 나 사이의 균형을 맞추려고 노력해요. 많은 분이 꽃을 좋아해 주시기 때문에 꽃에 관련된 작업을 주로 올리고는 있지만, 인스타그램 피드가 꽃향기로 넘쳐나기 시작하면 이를 멈추고 나에 대한 것, 내가 좋아하는 것, 꽃이 아닌 다른 아름다운 것에 대해 포스팅합니다. 또 반대로 꽃이 그리워질 때면 다시 하나하나씩 꽃으로 피드를 장식하지요. 내가 만든 꽃 작업물을 소개하는 것도 중요하지만, 내 생활과 취향을 보여줌으로써 꽃을 만질 때의 내 생각을 설명하는 것 역시 중요하다고 생각해요. 꽃이 아닌, 꽃을 만지는 나에 대해 더 설명하려 했던 부분이 자연스럽게 꽃을 직업으로 하는 내 정체성이 된 것 같아요. 그리고 뻔한 말이긴 하지만, 결국에는 진정성이 제일 중요하다고 생각해요. 누구를 혹은 유행을 쫓는 것이 아닌 진짜 나의 이야기를 하는 것이 가장 중요해요. 물론 불특정 다수에게 공개되는 매체이기 때문에 감정적으로 실수할 것 같을 때에는 앱을 켜지도 않지만요.

**아유미 호리:** 나만의 개성을 유지하는 가장 큰 비결은 퀄리티에 집중하고, 내 작품이 보이는 것에 늘 새로운 방법을 찾으려 노력하는 것이라고 생각해요. 나는 도자기와 미디어 사이 교차점에 대해 늘 관심이 있었기 때문에 똑같은 각도나 색채를 고집하지 않고 새로 나온 디지털 기술이 있으면 시도해 도자기에 대한 스

토리텔링을 하려고 한답니다. 어쩌면 사업적인 측면에서 큰 도움이 되는 것은 아닐지 몰라도 내 창작 과정에서는 필수적이에요.

Q: 얼마나 자주 포스팅하시나요? 자신만의 정해진 스케줄이 있나요?

**김영신:** 나는 사실 굉장히 랜덤하게, 마음 가는 대로 포스팅하고 있어요. 많을 때는 하루에 2, 3개도 올리고, 어떤 때는 며칠씩 쉬기도 해요. 너무 많은 포스팅은 사람들을 질리게 할 거고, 또 올릴 만한 내용이 없는데도 스케줄에 따라 올려야 한다는 압박감은 나를 지치게 할 것 같아요.

**아유미 호리:** 처음 PIA 계정에 포스트를 올렸을 때, 팔로워 수가 줄어들더라고요. 하지만 점차 PIA 개성이 뚜렷해지면서 우리가 하는 이야기에 큰 관심과 호기심을 가진 새로운 팔로워들이 늘어갔어요. PIA 계정에는 1, 2일에 한 번씩 다양하고 자세한 내용을 담은 포스팅을 하고 있어요. 반면, 내 개인 계정에는 그렇게 자주 올리지 않게 돼요. 사실 나는 내 작품에 대해 기준이 무척 높은 편이어서 평소에 대충대충 찍은 사진은 거의 올리지 않아요. 또, 최근에는 비디오에 큰 관심이 생기면서 많은 시간과 노력을 투자해 도자기 제작 과정을 보여줄 수 있는 영상을 만들고 있어요. 이렇게 정말 남들에게 보여줄 가치가 있다고 느껴지는 것만 소셜 미디어에 포스팅합니다.

Q: 해시태그 사용이나 그 외에 소셜미디어 활용에 대한 팁이 있으시다면 공유해주세요.

**김영신:** 요즘에는 사진보다 동영상이 더 재미있더라고요. 꽃

은 물론이고 어떤 사물이나 상황을 더 현실적이고 생동감 있게 표현할 수 있어서 짧더라도 동영상을 찍으려고 노력해요. 동영상을 편집하는 간단한 앱도 많이 개발되어서 더 연습해보고 활용해볼 생각이에요. 그리고 해시태그에 #꽃, #flower 같은 포괄적인 단어를 사용한다면 포스트를 더 많은 사람들에게 노출할 수 있겠죠. 그렇지만 나는 너무 많은 사람에게 노출되는 것을 원치 않아 아주 상세한 해시태그만 사용하고 있답니다.

**아유미 호리:** 인스타그램 이미지 캡션의 경우에는 보통 문장의 반 정도밖에 보이지 않기 때문에 나는 포스트의 핵심 내용을 처음 세 단어에 담으려고 노력해요. 그래야 사람들이 관심을 가지고 '더 보기'를 눌러 끝까지 내용을 읽을 확률이 높아지기 때문이죠.

**Q: 소셜미디어에서 불특정 다수와 소통하는 것은 어떤 특징과 의미가 있다고 생각하세요?**

**김영신:** 나는 실제로 낯을 굉장히 많이 가려요. 그것이 소셜미디어에서도 똑같이 드러나고요. 내겐 친구가 된다는 것은 매우 어렵고 오랜 시간이 걸리는 일이에요. 단순히 사진 몇 장, 글 몇 개 읽었다고 해서 그 사람에 대해 안다고 단정 짓지 않지요. 그래서 내 역시 불특정 다수인 팔로워들의 환심을 사려고 애쓰거나 노력하지 않아요. 나의 솔직한 표현을 받아주면 고맙고, 싫어한다면 어쩔 수 없다고 생각해요. 실제로 나를 찾아와 일대일로 말을 건넨다면 내 생각을 솔직하게 표현할 수는 있겠지만, 소셜미디어같이 공개적인 장소에서는 할 수 없는 개인적인 이야기도 많이 있잖아요. 소셜미디어를 통해 깊은 소통은 어렵지만, 다수의

의견을 들을 수 있다는 것은 큰 장점이에요. 사람들이 어떤 것을 좋아하고 싫어하는지 알 수 있어 작업에 참고할 수도 있답니다.

**아유미 호리:** 소셜미디어는 사람들 사이에서 믿음을 바탕으로 운영되고, 이렇게 하나의 공동체를 만드는 일은 하루아침에 이루어지는 것이 아니라고 생각해요. 물론 온라인상에는 믿음을 흔드는 폭력적이고 무감각한 익명의 사용자들도 존재하지만, 나는 운이 좋게 소통이 목적인 사려 깊은 사용자들을 많이 만났어요. 온라인으로는 실제 얼굴을 마주 보고 하는 것처럼 진정성과 깊이 있는 교류를 하기 어렵지만, 소셜미디어가 아니었다면 불가능했을 다양한 관계들을 가능케 해주었다는 점은 아주 큰 장점이에요. 온라인, 오프라인 중 어느 쪽이 더 나은가를 이야기하기보다는, 결국 각기 다른 두 교류에서 어떻게 사람 사이의 믿음을 쌓아갈 수 있는지를 논의하는 것이 더 큰 의미가 있다고 생각합니다.

## 챕터 요약

1. 빈틈없는 SNS 전략을 수립하는 근본적인 작업은 핵심 대상을 목표로 삼는 것부터 시작하는 것이다. 그들은 누구인가, 어디에 있는가, 그리고 그들은 무엇을 원하는가?

2. 최상의 잠재 고객을 찾는 가장 좋은 방법은 각 SNS의 접속자 통계를 조사하는 것이다. 또한 각각의 SNS는 디자인과 타깃 고객이 다르므로 이에 대해 고려 사항을 살펴야 한다. 먼저 각 SNS의 인터페이스 설계를 주의 깊게 살펴봐야 한다.

3. 많이 참여할수록 많이 드러나 자신의 포스팅에 대한 유기적인 도달 범위가 확장된다. 이 참여도는 해당 SNS의 평가 점수에 영향을 미치며, 유효 도달 범위의 효율성을 결정하는 요인이 된다.

4. 하루에 여러 번 포스팅해야 한다는 압박을 느낄 필요가 없다. 너무 자주 업데이트하면 해당 SNS의 알고리즘이 제재하기 시작한다. 그러므로 여러 가지 빈도로 포스팅을 시도해 봐야 한다. 이를 통해 어떤 경우가 가장 효과적인지 알아내야 한다.

5. 다른 사람들이 먼저 관심을 가질 것이라고 기대하면서 콘텐트를 올리지는 말아야 한다. 그들보다 먼저 관심을 보여야 한다. 그럼으로써 자연스럽게 그들이 자신의 콘텐트를 좋아하게끔 만드는 것이다.

6. 무엇을 하든지 간에 헛된 지표의 측정 항목에 사로잡혀서는 안 된다. 친구, 팔로워, 좋아요 등의 숫자 같은 표피적인 기준들이다. 참여도야말로 잠재 목표 대상이 어떤 반응을 보이는지를 측정하는 정확한 기준이다. 페이스북에서는 '공유'가 '댓글'이나 '좋아요'보다 가치가 있다.

7. 이미지가 있는 트윗은 그렇지 않은 트윗보다 150퍼센트 더 많은 리트윗을 받는다. 함축적인 메시지가 담긴 강렬하고 단순한 이미지들이 가장 효과적이다. 그렇다고 해서 포스트의 문장을 간과해선 안 된다. 스토리텔링의 힘을 기억할 필요가 있다.

8. 진정한 결정타가 있다. 마케팅에서 동영상을 사용하는 기업은 그렇지 않은 기업보다 전년 대비 49퍼센트의 매출 증가율을 보였다.

9. SNS 프로모션은 모든 종류의 홍보와 마찬가지로 적절한 잠재 고객과의 긴밀한 관계 구축에 관한 것이다. 사람과 사람 사이의 연대감을 믿어야 한다. 결국 사람이야말로 '사회적인' 플랫폼이다.

3막

넓히기 : 창업가, 영향력

스스로 해내는 정신이 성공의 길이다.
하고 싶은 일을 하는 것,
그 이외엔 다른 선택지가 없다.

많은 것을 잘한다는 건
특별히 잘하는 게 없다는 뜻이다, 라는 생각은
창조적 생태계에선 통용되지 않는다.

# 7장
# 창조적인 기업가 정신

새로운 유형의 젊은 층들이 전통적인 경력 쌓기를 버리고 자신만의 길을 개척하고 있다. 학위를 따고, 취업을 하고, 승진을 하는 일련의 과정은 오랫동안 정형화된 경력 쌓기의 길로 유지돼왔다. 그러나 최근에는 차별화된 새로운 길에 대한 탐색이 활발해지기 시작했다. 협업 그룹을 포함하는 창업으로, 성공에 이르는 새로운 갈래로 입지를 굳히고 있다.

창의적인 생태계에서는 대형 에이전시들이 상위에 있고, 그 아래에는 세분화된 스튜디오들이 있고, 전문 프리랜서들이 함께하는 밀집된 구조이다. 이런 가운데 창업은 거액의 수입이 보장되는 대기업 고객을 확보하는 대신 독립적인 프로젝트 위주로 자신이 하고 싶은 작업을 선별하여 진행하는 것이다. 이들은 크리에이티브 디렉터의 역할을 수행하면서 재능 있는 전문가와 협업하거나 스스로 기술을 습득하면서 효율적인 작업을 추구한다.

안전한 일자리를 얻기 위한 수단으로 학위가 소용되던 시절은 끝났다. 졸업생들은 이러한 맥락에서 새로운 창조적인 기업가 세대를 형성하는 데 일조한다. 이들의 정신은 이윤 창출에 관심이 없는 것은 아니지만, 단순히 돈 벌기 요령에만 집중하지 않는다. 이들은 사회적인 책임을 중시하면서 금전적인 보상을 부차적인 요소로 여기고 있다. 현실적인 이윤보다는 프로젝트나 작품의 방향을 생각하고, 질을 높이는 데에 집중한다.

## 스스로 해내거나 죽거나

젊은 예술가와 크리에이터들을 창업에 도전하도록 만드는 동력은 무엇일까? 펑크와 포스트 펑크에 해당하는 이들은 'DIY 정신이 성공의 길'이라고 생각한다. 젊은 층의 일자리 형편이 놀랄 만큼 어려워진 이 시대의 젊은이들은 전통적인 경력 쌓기에는 관심이 없다. 얻을 수 있는 게 없기 때문이다. 지속적인 일자리는커녕 소위 성공 사다리라는 것에 발을 올려놓을 수조차 없는 형편이다. 차라리 직접 하고 싶은 일을 하는 것이 낫겠다는 인식이다. 기존 체제가 원하는 것을 함으로써 얻을 수 있는 건 없다. 그래서 현실에 대해 거부가 일어나는 것이기도 하다.

사회적 기업의 세계는 DIY 문화로부터 큰 영향을 받는다. 일종의 반항 정신이 깔려 있는 셈이다. 과거 세대는 사회적 요구에 시달려왔고, 사회가 바라는 것을 하는 것 외에 다른 선택의 여지를 갖지 못했던 이들이다. 그래서인지 이 세대들은 꿈이 없어 보인다. 그들은 열심히 일하고 승진하고, 더 열심히 일하고 또 승진하고, 그런데도 터무니없이 높은 집값의 은행 융자금을 갚느라 여유 있는 생활을 누리지 못한다. 도대체 이런 전형적인 경력 쌓

기에서 무엇을 얻을 수 있을까? '아무것도 없다'는 항변이다. 지금은 자신만의 아이디어와 브랜드를 가지고 스스로 운명을 개척해 나가야 하는 시대이다. 다른 선택지가 없기 때문이다.

## 돈에 구속되지 않기

사무실을 공유하고, 워크숍과 상담 등을 통해 젊은 층의 창업을 지원하는 기업이나 기관들이 늘고 있다. 이곳에서는 사업계획서 작성부터 사무실 마련까지 풍부한 자료들을 제공한다. 조금만 관심을 갖고 눈을 돌려 보면 우후죽순 산재해 있을 정도다. 이미 스타의 반열에 올라선 기업들도 있지만 이름이 널리 알려지지 않은 수많은 창조적 기업들이 있다. 수공예품 판매 사이트가 생겨나고, 이곳에서 제품을 판매하는 장인들이 늘어나고 있다. 이들은 기존의 규범에서 벗어난 새로운 기업가 정신으로 운영되고 있다.

이런 창조적 기업가들과 기존의 전통적인 기업가들 사이에는 분명한 차이가 존재한다. 또한 기술을 기반으로 거대한 투자금을 유치하는 IT 분야의 스타트업과도 차이가 있다. 창조적 기업가들은 대체로 수익에 좌우되지 않고 자신의 아이디어에 의해 움직이는 편이다. 그들은 더욱 유동적인 비즈니스 사이클을 관리하고, 개인 취향의 주관적인 요인을 바탕으로 하는 비즈니스 모델을 추구한다.

이처럼 창조적 기업가들이 금전적 보상에 끌리지 않는다고 한다면 과연 무엇이 그들을 움직이게 하는 것일까? 가령, 예술 분야의 산업은 매년 쏟아져 나오는 졸업생들로 포화상태에 있고, 고용시장은 이들을 전부 소화해낼 수 없다. 인문 계열의 여러 분야도 마찬가지다. 이러한 상황에서 정답은 하나이다. 자율성이 핵심이다. 실험 정신을 발휘할 자유와 함께 자신의 운명, 열정, 목표를 스스로 개척해 나간다는 자신감이 있느냐가 관건이다. 이렇게 해서 얻은 성공은 아주 특별하다.

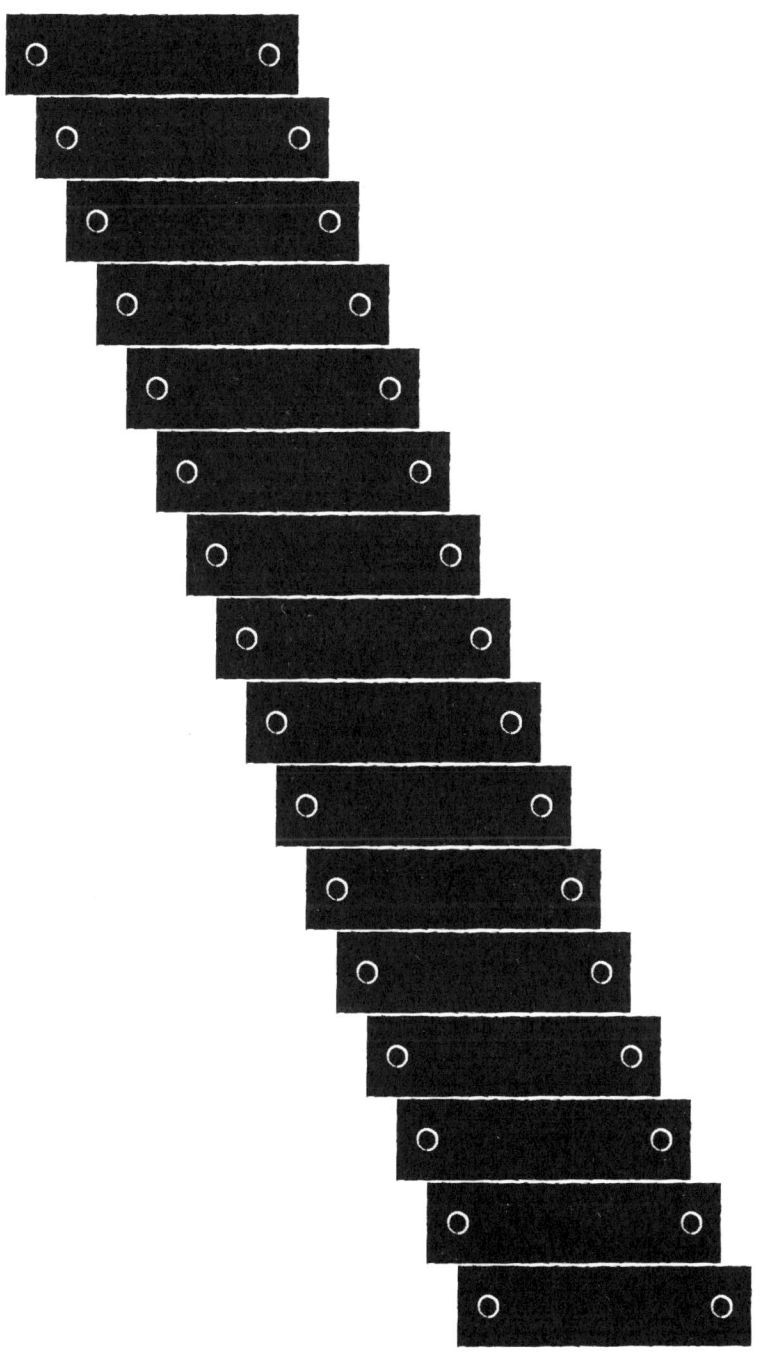

## 혼자 힘으로 해내기

창조적 기업가가 되는 데에는 정해진 길이나 조건은 없다. 풀타임으로 일터에서 일할 수도 있고, 밤마다 달빛 아래서 열정을 쏟아낼 수도 있고, 다른 분야의 예술 및 크리에이터들과 협업을 진행할 수도 있다. 물론 독립적으로 활동하는 기업가들도 있다.

다양한 방식의 프리랜서도 존재하지만, 이들에겐 공통적인 요소가 있다. 에이전시나 스튜디오에 고용되어 역할을 부여받기보다는 자신만의 혁신적인 기술을 고객에게 제공하기 위해 계약을 맺는다는 것이다. 그들은 자신만의 스타일과 창조적인 기술로 고객들의 요구에 참신한 해답을 선보인다.

이들은 스튜디오를 차리고 고객의 의뢰를 받아 작업하는 동시에 책을 출간하기도 하고 자신만의 브랜드 상품을 만들어 판매한다. 이들에겐 언제나 독립성이 우선되어야 한다. 동시에 독립적인 정신과 활동을 보여주는 창의적인 생태계의 브랜드를 좋아한다. 이들은 혼자 할 수 있는 작업에 자신도 모르게 이끌린다.

물론 큰 규모의 회사에 속하여 풀타임으로 작업을 해왔던 부류도 많다. 그러나 그곳에서는 분출하는 창조성을 마음껏 펼칠 수 없다는 데 한계를 느껴 독립한다. 개인 스튜디오를 설립하고, 더욱 기업가적인 자세로 활동하기 시작하는 것이다. 풀타임 근무를 하는 대신 다른 일자리를 찾거나 나만의 프로젝트를 추진하는 게 낫겠다는 생각을 하는 것이다. 이런 생각이 프리랜서의 길로 이어지고, 자신만의 스튜디오를 설립하게 되는 것이다. 전통적인 경력 쌓기에 도전하여 좌절하던 이들은 규범적인 모델에서 벗어나 자신만의 사업에 뛰어들어 진정한 자아를 찾았다고 이야기한다.

## 맥가이버처럼 기술 갖추기

서로 다른 분야에서 일해오던 사람들이 사무실을 공유하여 협업하는 시스템도 점점 늘고 있다. 사진, 아트 디렉션, 패션, 음악, 디자인, 일러스트레이션, 공예 등의 기술들을 갖춘 전문가들이 협업하여 운영된다. 이력서 위주의 틀에 박힌 사고를 넘어 개성을 선택한 혁신적인 사람들로 구성되는 것이다. 이는 단순히 전통적인 경력을 경시한다는 의미가 아니다. 구성원들은 서로가 각기 다른 창조적인 분야를 다루고 있다. 어떤 이는 예술을 전공했고, 어떤 이는 사진 분야 전문가다. 심지어 기계 부품을 디자인하는 엔지니어나 과학자도 있다.

이들은 각자의 창조적 스타일이 다양한 결과물에 반영되길 원한다. 이 과정에서 실험이 이루어질 수 있다는 점이 이들을 만족스럽게 만든다. 이러한 만족감은 다양한 인재들과 작업하는 것에 의미를 부여한다. 뛰어난 그래픽 디자인 스튜디오는 물론이고 과학자나 엔지니어들과도 손을 잡고 일한다. 이와 같은 창조적 자유는 이들이 이 길을 계속해서 발전시킬 수 있도록 하는 원동력이다.

'많은 것을 잘한다는 건 특별히 잘하는 게 없다는 뜻이다'라는 생각은 창조적 기업가와 협업의 생태계에선 통용되지 않는다. 디지털 시대의 세상에서는 모든 부문에서 창조적 기술을 갖추는 것이 상식적인 일이 될 것이다. 직접 소프트웨어에 대해 공부해야 하는 것은 물론이고 인스타그램, 유튜브, 전문 잡지, 아트 갤러리 등 어디에서나 영감을 찾을 수 있어야 한다. 실패에 대해 두려움을 없애고 혁신을 갈망하는 마음을 더할 때야말로 대대적인 DIY

정신으로의 완성이 이루어질 것이다.

　이런 현상은 새로운 현실이자 전조이다. 디지털 기술의 진화로 모든 이들이 컴퓨터를 통해 창조적인 소프트웨어에 쉽게 다가갈 수 있게 되었다. 그러나 디자인과 예술 등 창의적인 생태계의 산업은 아직 속도를 맞추지 못하고 있다. 그래서 이들에게는 다면적이고 종합적인 기술력이 요구된다. 이제는 브랜딩, 전략, 카피라이팅, 제품 디자인 등 다양한 영역에 능통해야 하고, 이 모든 기술을 자신의 프로젝트에 투영해야한다. 창조 산업계의 크리에이터들은 다재다능해질 수밖에 없다는 것이다. 디지털의 진화는 프로젝트를 과거보다 복잡하게 만들지만 동시에 이 기술들을 쉽게 습득할 수 있도록 도와준다. 점점 더 빠르고 쉽게 능력을 획득할 수 있다. 그리고 그것이 더 큰 힘을 발휘하게 될 것이다.

## 자신을 위해 일하기

이와 같은 현실은 새로운 유형의 창조적 기업가들에게서 확인할 수 있다. 정해진 역할을 부여받기보다는 다양한 기술력을 겸비하여 작업하는 디자이너와 예술가를 포함한 창조적인 크리에이터에게서 말이다. 이들은 협업을 이루어 다채로운 기술을 활용함으로써 어떤 고객의 의뢰도 능히 소화해낼 수 있으며, 자신들의 독자적인 프로젝트나 아이디어도 훨씬 풍부하게 개발해낼 수 있다.

전통적인 산업계의 영역에 진입할 기회가 줄어든 현 상황에서는 자신의 길을 개척하는 것만이 유일한 선택으로 남아있다. 이들은 상사를 만족시키거나 승진을 걱정하는 대신 자신의 운명을 스스로 만들어 나가는 데에 집중한다. 혼자 작업하는 것의 이점들을 적극적으로 활용하는 것이다.

스콧 벨스키(Scott Belsky)와 함께 비핸스를 설립했던 마티아스 코레아(Matias Corea)는 이 외에도 다른 벤처기업들을 설립하며 다양한 사업을 진행해왔다. 디자인에서부터 사진과 와인 배달 서비스에 이르기까지. 이 다채로운 영역들은 모두 그가 진심으로 좋아하는 일이었다. 바로 여기에 성공의 요건이 있다. 자신이 정말 좋아하는 일을 해야 한다는 것이다.

"만일 자신이 본질 없이 유행만을 따르거나 추세에 편승하려고 한다면 아마도 쉽게 일에 싫증이 나고 실패에 이르는 속도도 매우 빠를 것이다. 하나의 사업을 구축하는 데에는 적어도 수년의 시간이 소요된다. 실질적인 운영까지 5년 이상을 회사 운영에 대해 구상만 해야 한다. 사업에 뛰어들기 전에 곰곰이 생각해봐야 한다. 이것이 진정으로 하고 싶은 일인지를." 마티아스 코레아의 진심 어린 조언이다.

　기업가 정신을 갖추고 창조적 산업에 뛰어드는 것은 확실히 용감한 일이다. 그러나 이것은 기회라기보다는 소명에 가깝다. 창조적 기업 분야에서 성공한 이들은 고급 스포츠카를 몰거나 한가하게 해외 골프 여행을 즐기는 인물들이 아니다. 그들은 엄청난 열정과 결단력을 가지고 밤을 새워 일했고, 성공을 이룩한 후에도 여전히 고민하고 있다.

# 창조적 기업가로 탄생하기

오늘날 새로운 유형의 젊은층들은 전통적인 경력 쌓기를 버리고 자신만의 길을 개척하고 있다. 이런 창조적인 길을 개척해 나갈 때 염두에 두어야 할 점은 무엇일까?

## 1. 열정을 갖자

일반적인 기업가와 창조적 기업가의 차이는 실행력에 있다. 창조적 기업가라면 아트 디렉션, 웹사이트 만들기, 영상 편집, 소셜 마케팅 등을 모두 다룰 수 있어야 한다. 하루도 빠짐없이 이러한 일들에 기꺼이 임할 수 있는 열정이 자신에게 존재하는지 확인해 보자.

## 2. 호전성을 갖추자

창조적 작업에 열정을 가지는 것이 하나의 조건이라면, 어떤 희생을 치르고라도 목적을 추구하려는 결단력과 순수하고 강직한 마음은 또 다른 조건이다. 만일 자신에게 아직 없는 마음이라면 반드시 갖추도록 해야 한다.

## 3. 비전을 세우자

창조적 기업가가 되기 위한 핵심은 자신의 운명을 책임지는 것이다. 적어도 자신의 운명이 가고자 하는 방향은 파악하고 노력해야 한다.

## 4. 협업하자

협업은 여럿이 서로에게 부족한 점을 보완하여 도움이 되는 기술을 이해하고 얻을 수 있는 것을 의미한다. 자신의 아이디어에 다른 동료들을 합류시키자. 그러면 자신도 언젠가는 그들의 프로젝트에 초대받게 될 것이다.

## 5. 늦게까지 일하자

기업가 정신은 아무에게서나 발휘되는 게 아니다. 아침 9시에서 오후 5시까지만 일하기를 원하는 사람들과는 거리가 멀다. 일 자체를 좋아해야 한다. 어차피 해야 할 일은 너무나 많을 테니까.

## 6. 끊임없이 배우자

사람들은 보통 자신이 배울 수 있는 것만 배우려 하는 경향이 있다. 자신이 새로운 기술을 배우는 데 들이는 시간이 자신의 창조적 사업을 성공시키는 밑거름이 될 것이다.

## 7. 관계망을 구축하자

새로운 고객을 확보하라는 의미가 아니다. 여기서는 관련 업계에서 창조적인 인물 중 한 사람으로 자신의 이름이 확실하게 알려지도록 하는 것이 중요하다는 뜻이다. 멋진 사람들과 교류하자.

## 8. 자신을 홍보하자

온라인과 오프라인은 물론 소셜미디어와 현실 전반에서 자기 홍보가 이루어져야 한다. 자신의 이름과 자신만의 창조적 브랜드를 전면에 내세우는 것에 주저하지 말자.

## 9. 꾸준히 하자

때때로 자신과 싸움을 하는 것처럼 느껴질 것이다. 그럴 땐 반대의 상황을 떠올려보자. 누군가의 지시에 따라 즐겁지도 않고 자신의 것도 아닌 일에 억지로 임하는 상황 말이다.

## 10. 하고 싶은 것을 하자

무척 중요한 요소다. 창조적 기업가와 일반 기업가를 구분하는 기준이기도 하다. 자신 앞에 주어진 프로젝트가 '옳지 않다'는 생각이 들면 하지 말자. 대신 자신이 마음을 쏟을 수 있는 일에 시간을 쓰자.

## 케이스 스터디

## 작업실 겸 쇼룸, 제로퍼제로

제로퍼제로 ZERO PER ZERO

김지환과 진솔 두 명의 디자이너로 이루어진 그래픽 디자인 스튜디오다. 디자인 스튜디오와 자체 매장 제로 스페이스를 병행하며 디자인 상품을 제작하고 있다. 일러스트레이션은 진솔이 그 밖의 디렉팅, 디자인, 편집, 제작, 유통 쪽은 김지환이 담당한다. 전체적인 프로젝트는 함께 기획하고 있다. 서울 이태원에서 시작하여 지금은 망원동에 작업실 겸 제품 판매 공간인 제로 스페이스를 함께 사용하고 있다.

www.zeroperzero.com

### 자기만의 브랜드

처음부터 브랜드 상품을 만들어 판매하는 것을 목적으로 시작한 디자인 스튜디오 제로퍼제로는 지구(EARTH), 여행(TRAVEL), 사랑(LOVE)의 세 단어를 지속해서 사용하여 작업해 오고 있다. 초기 대표작 '노선도(Railway) 시리즈'를 시작으로 세계의 도시와 여행에 관한 작업이 늘면서 자연스럽게 정체성으로 자리 잡혔다. 지하철 노선도 프로젝트는 2007년부터 시작하여 10년 넘게 지속하고 있다.

　　초기에는 고객 업무와 병행해 오다 최근 자체 프로젝트만으로도 경제적인 자립이 가능해져 여기에 집중하고 있다. 처음에는 상품성보다는 보여주고 싶거나 작업하고 싶은 것을 제작하는 것이 우선이었지만 지금은 반응을 살피면서 상품성 있는 제품들을 늘려가고 있다.

## 작업실 겸 쇼룸

작업실의 여유 공간을 활용해 제로 스페이스를 운영한다. 부가적인 유지비가 발생하지 않는다. 방문하기 힘든 위치와 짧은 오픈 시간, 협소한 공간 때문에 수익은 적지만 쇼룸으로서 제로퍼제로의 아이덴티티를 보여줄 수 있어 장기적인 브랜드 이미지 형성에 도움이 되고 있다.

제로 스페이스에는 일본 문구류를 소개하는 '도쿄문방구' 코너도 있다. 평소 문구류를 좋아해서 여행을 가면 꼭 사 오는, 만듦새가 좋고 재미있는 제품들을 작업실 한쪽에 소개한다. 평범하지만 예쁘고, 사용하기 좋아 몇 번이고 구매했던 아이템을 중심으로 마음에 드는 문구류들이다. 방문하는 분들도 재미있어하고, 반응도 좋아 여러 매체에 소개되면서 입소문으로 퍼졌다.

## 편집숍 입점

지금은 워낙 다양한 상점, 전시, 마켓을 비롯하여 온라인 유통까지 확장되는 등 판매 경로가 다양해졌다. 얼마 전까지만 해도 편집숍 입점 판매가 주요 홍보 수단이었지만 지금은 오히려 제품에 맞는 판매 경로를 잘 선택하는 것이 더 중요하다. 브랜드는 장기적으로 계획하고 키워나가는 것이 중요하기 때문에 무엇보다도 꾸준히 작업해 나가면 좋은 기회를 만날 수 있다.

## 해외 진출

제로퍼제로의 제품은 일본과 독일에서 꾸준히 판매되고 있다. 창업 초기 국가 지원 사업의 해외 페어 참가를 통해 거래를 맺었다. 상품군이 많지 않을 경우 유행이나 시즌이 지나면 거래가 끊긴다. 현재 거래하는 일본의 판매자는 새로운 제품들을 꼼꼼히 챙겨주고 여러 협업 기회를 찾아주는 등 성의껏 관리해주어 오래도록 관계가 유지되고 있다.

창업 초기에는 국내 시장이 작아 해외 진출이 필수라고 생각했지만, 현재는 국내 시장이 오히려 더 커지고 있다. 해외 시장은 관리가 어렵기도 하여 국내 시장을 중심으로 작업하고 있다. 물론 제작되는 제품에 따라 해외 진출을 고려하기도 한다.

## 독창성

가장 중요한 점은 지속가능한 제품을 만드는 것이다. 작업을 계속 보완하고 다듬어 시간이 지날수록 빛이 더해지도록 만들어야 한다. 제품 제작을 고객의 일을 받기 위한 수단으로 사용하지 않고, 개인 소비자의 순수한 구매와 이어서 파생되는 수익으로 스튜디오를 운영한다는 생각으로 제작하고 있다.

## 클라이언트

사실 고객 업무만큼 경제적으로 도움이 되는 것은 없다. 그렇지만 요즘같이 경기가 불안정하고, 경계가 무너지고, 다양한 마케팅이 넘쳐나는 시기에 고객 업무만 고집하기보다는 여러 가능성을 열어두는 것도 나쁘지 않다. 소규모 스튜디오의 부차적인 제품 제작은 소품종 소량생산인 경우가 많아서 제품을 모두 판매한다 해도 크게 도움이 되지 않는다. 어디까지나 도전인 셈이다. 한편으론 효과적인 고객 업무를 위해서 가능성을 보여줄 수 있는 기타 작업을 적절히 보여주는 것이 큰 도움이 될 수 있다.

## 챕터 요약

1. 스스로 해내는(DIY) 정신이 성공의 길이다. 지금은 자신만의 아이디어와 브랜드를 가지고 스스로 운명을 개척해 나가야 하는 시대이다. 직접 하고 싶은 일을 하는 것, 그 이외엔 다른 선택지가 없기 때문이다.

2. 창조적 기업가들은 대체로 수익에 좌우되지 않고 자신의 아이디어에 의해 움직이는 편이다. 이들에겐 자율성이 핵심이다. 실험 정신을 발휘할 자유와 함께 자신의 운명, 열정, 목표를 스스로 개척해 나간다는 자신감이 있느냐가 관건이다. 이렇게 해서 얻은 성공은 아주 특별하다.

3. 이들에겐 언제나 독립성이 우선되어야 한다. 혼자 할 수 있는 작업에 자신도 모르게 이끌린다. 전통적인 모델에서 벗어나 자신만의 사업에 뛰어들어 진정한 자아를 찾았다고 이야기한다.

4. '많은 것을 잘한다는 건 특별히 잘하는 게 없다는 뜻이다'라는 생각은 협업에서 통용되지 않는다. 디지털 세상에서는 모든 부문에서 창조적 기술을 갖추는 것이 상식적인 일이 될 것이다.

5. 자신의 운명을 스스로 만들어 나가는 데에 집중한다. 혼자 작업하는 것의 이점들을 적극적으로 활용하는 것이다. 그러기 위해서는 진심으로 좋아하는 일이어야 한다. 뛰어들기 전에 곰곰이 생각해 봐야 한다.

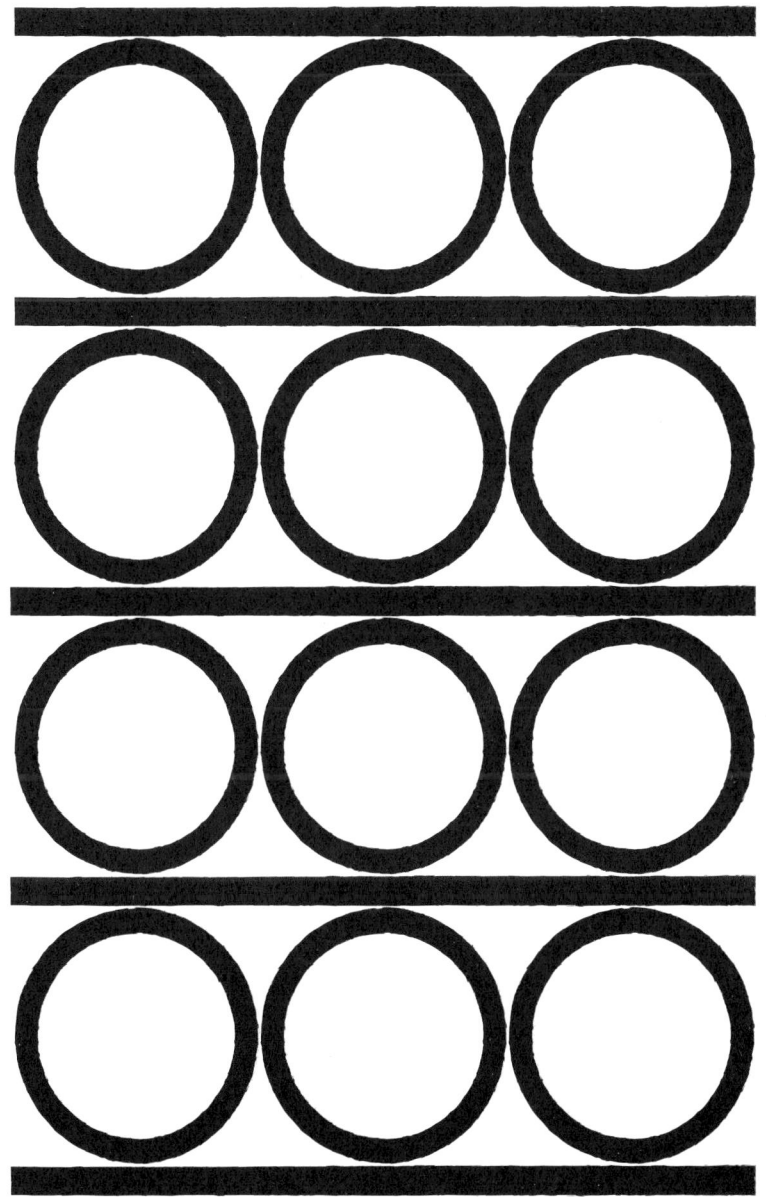

7장 창조적인 기업가 정신

훌륭한 실력으로
어느 날 혜성처럼 등장하겠다는 생각은
판타지 같을 수도 있다.

모이면 강해진다.
공동 스튜디오 체제나 협업에 참여하는 것은
마치 갱단의 일원이 된 듯한 느낌이다.

# 8장
# 영향력 넓히기

자신이 일하는 분야에 적극적으로 참여한다는 것은 단순히 인맥을 넓힌다는 것 그 이상이다. 가장 자신 있는 결과물을 공모전에 출품하여 수상자가 된다면? 허황하게 들릴지 모르지만, 만약 실제로 일어난다면 많은 사람에게 노출되어 단숨에 여러 혜택을 얻게 될 것이다. 수상자가 되지 않더라도 최소한 상을 수여하는 단체와 심사 위원에게 이름을 알리게 된다.

창작 활동을 하고 있다면, 그룹 전시의 일원으로 참가하거나 단독 전시를 열 수도 있다. 관심을 가질만한 사람들을 초대하자. 전시가 잘 진행된다면 그들은 분명 자신의 이름을 기억할 것이다. 여러 사람이 모인 큰 규모의 작업에 참여하는 일 역시 대중에게 이름을 알리는 방법이 될 수 있다.

부수적인 일 같아 보일 수도 있지만, 남들에게 도움을 베풀고 기부나 무료 배포 등을 통해서도 이름을 널리 알릴 수 있다. 더 많은 활동을 벌일수록 영향력의 범위가 넓어질 것이다.

## 공모전에서 수상하기

선반에 장식된 여러 상패처럼 시선을 잡아끄는 것도 드물다. 물론 상을 타려는 것이 최종 목적은 아니겠지만, 그 상패는 곧 자신이 일을 제대로 하고 있다는 증거일 수 있다. 그 점은 고객에게 충분히 매력적이다. 만약 두 개의 스튜디오 사이에서 고민 중인 예비 고객이 있다면, 결정을 내릴 때 수상내역을 염두에 둘 가능성이 높다. 어떻게 하면 트로피를 늘릴 수 있을까?

### 1. 반짝인다고 모두 금은 아니다

초심자에게 수상은 전혀 닿지 못할 반짝이는 별처럼 보일지 모른다. 그러나 상은 넘칠 정도로 많다. 그리고 그 상들이 모두 좋거나 대단한 것도 아니다. 가장 관심이 있는, 자기 일과 관련된 공모전 내역부터 찾아보자. 골랐다면, 훌륭한 출품작을 만드는 데 집중하자.

### 2. 결국은 작품의 퀄리티

수상을 하면 경력에 올릴 수 있음은 물론이고 온오프라인 매체에 소개되는 기회를 얻을 수 있다. 적절한 시기에 좋은 상을 받음으로써 개인에게는 전과 다른 기회를 맞게 되거나 스튜디오로 독립하여 새롭게 출발할 수 있다. 수차례 좌절을 맛본 이들은 의욕을 북돋을 수 있다. 그렇다고 명성에 너무 현혹되지는 말자. 평소 훌륭한 일을 해냄으로써, 부가적으로 상을 타고 이름을 알리게 되는 것이다. 무언가를 얻기 위해서 일을 한다면 고통스럽기만하다. 현실감각을 유지하는 데 힘쓰자.

## 3. 수상하려면 그 안으로 들어가자

지원 자격과 자료 제출 요건을 꼼꼼히 읽어본다. 어떤 방식으로 제출해야 하는가? 어떤 양식이나 포맷으로? 실물을 우편으로 출품해야 하는가 아니면 온라인으로도 가능한가? 참가비용이 있는가? 상업적인 프로젝트의 경우 고객의 동의가 필요한가? 출품작은 전시되는가? 수상작에 대해 대중적으로 인쇄할 권리가 출품자에게 있다고 밝히고 있는가? 이런 문제들을 다 파악했다면 시간을 충분히 갖고 출품작을 준비한다. 진정 수상을 원한다면 진지하게 계획하고 준비해야 한다.

## 4. 수상자가 되었다면

수상 사실에 과장되게 호들갑을 떨어서도 안 되겠지만 지나치게 소심하게 굴 필요도 없다. 수상 사실을 블로그에 올리고 트윗하고 뉴스레터에 넣자. 보도 자료로 작성하여 배포할 수도 있다.

# 작품 전시하기

세심하게 준비된 전시회는 출품한 개인이나 단체, 스튜디오 혹은 에이전시에 대해 좋은 인상을 받게 한다. 하지만 전시회는 좀 복잡한 프로젝트이다. 우선 비용과 돈이 많이 든다. 이를 홍보하는 일도 중요하다. 전문 전시회에 참여해 성공을 거두려면 어떻게 해야 할까?

## 1. 전시 주체가 누구인가

어떤 결과물이나 작품을 전시회로 선보이는 방법은 여러 가지가 있다. 개인 전시회를 열 수도 있고 여럿이 팀을 만들 수도 있지만, 스타일이 맞는 전문 전시회의 기획자에게 연락을 취해볼 수도 있다. 전문 전시회를 선택했다면 자신에게 어울리는지를 잘 살펴야 한다. 주제가 무엇이고, 누구를 대상으로 하고, 스스로 작품을 준비할 만한 시간과 재정 여유가 있는지 등을 체크한다.

## 2. 예산을 세우자

인쇄와 액자, 배송 등의 비용을 생각해야 한다. 그 외에 더 들어가는 비용은 없을까? 전시 기획자가 많은 경험을 쌓아 숙련된 사람인지도 살펴본다. 또한 자기 일을 잘 이해하고 있는지 혹은 파손이나 도난 등의 피해 없이 진행해 줄 것인지 알아본다.

## 3. 사소한 것까지 신경 쓰자

알맞은 전시를 찾았다면 전시 기획자에게 연락해 출품 정책에 대

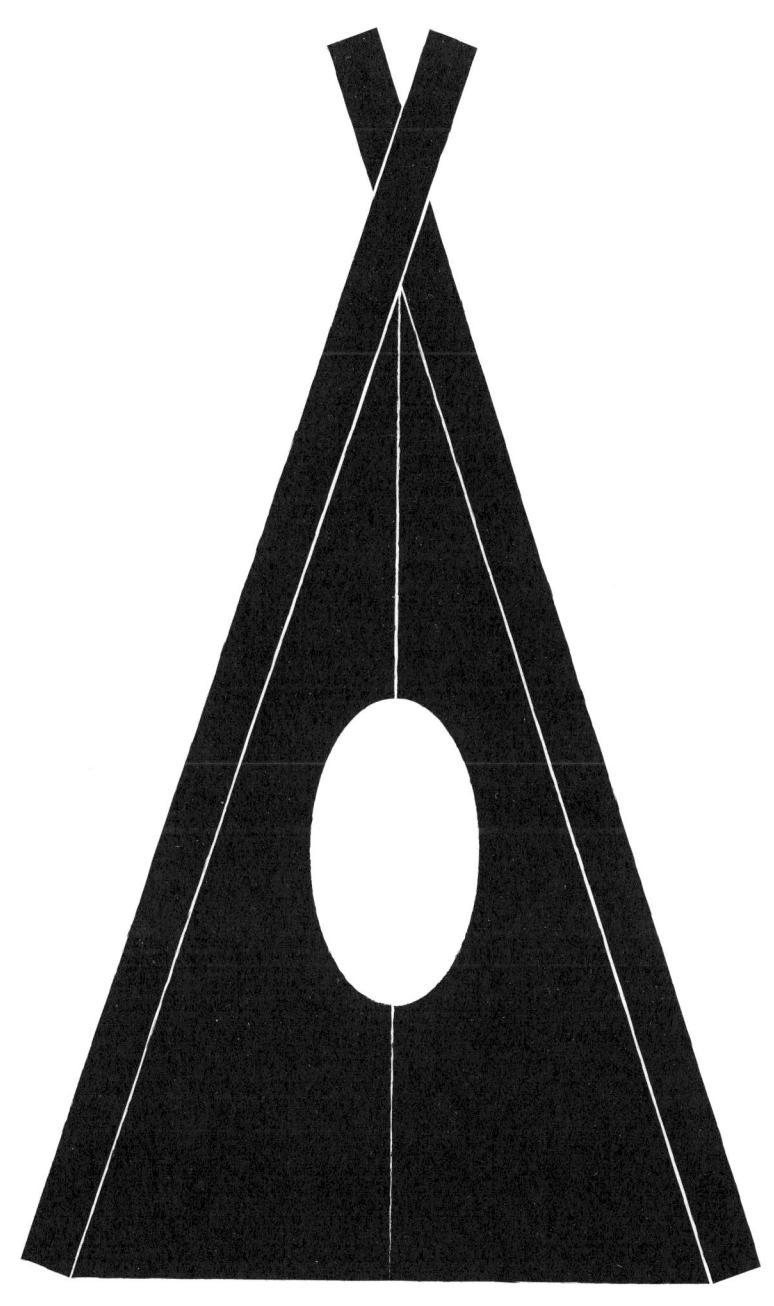

8장 영향력 넓히기　209

해 문의한다. 이메일로 샘플을 받기를 원하거나 포트폴리오 북을 보내달라고 요청할 수도 있다. 아니면 간단히 웹사이트 링크를 요구할 수도 있다. 갤러리이든 팝업 스페이스이든 기획자들은 작품이 정확히 어떤 식으로 전시되고 배송돼야 하는지 잘 알고 있다. 그들은 작품 설명과 전시 카탈로그에 필요한 정보들을 요청할 것이다. 이런 요청을 받지 못했다면 주의를 기울일 필요가 있다. 필요 없는 것을 준비하느라 시간과 노력을 허비해서는 안 되니까.

## 4. 만반의 준비를 하자

첫인상이 매우 중요하다. 최고의 작품을 최고의 형태로 전시해야 한다. 가능하면 장소를 먼저 답사하여 작품을 제대로 선보일 수 있을지에 대한 방법을 생각해 본다. 어떤 사이즈와 스케일, 포맷이 작품을 더욱 돋보이게 할까? 작품의 중앙이 평균 신장의 시선과 일치하도록 거는 것이 일반적이다. 액자와 마운팅, 배송, 작품 설명, 작품의 포장까지 모두 계획을 세운다. 전시회까지 운송할 방법도 고려해야 한다. 자신의 승용차나 밴, 아니면 운송 업체들에 맡길 것인가?

## 5. 초청하기

관심이 있었던 잠재 고객과 기존 고객들을 전시회에 초대한다. 전시회는 아담하고 친근한 분위기를 조성할 수 있기 때문에 그들에게 자신과 작품에 대해 진솔한 이야기를 나누기가 좋다. 또한 초대장을 보낸 사람들에게 받았는지도 일일이 확인해야 한다.

**6. 명함을 챙기자**

명함은 물론 간편한 전시 홍보 자료들을 잊지 말고 제공하도록 한다. 잠재 고객과 예비 협력자들에게 자신에 대한 정보와 연락처를 알려야 한다. 전시장에서 방문객들에게 작품을 어떻게 설명할지도 생각해두자. 때론 방문객에게 먼저 다가서기도 해야 한다. 전시회는 인맥을 넓힐 수 있는 최고의 기회다.

## 전시회 직접 열기

스스로 전시회를 개최하려고 준비하다 보면 전시회 이름을 경력에 올리기도 전에 혈압부터 올라갈 것이다. 어떻게 하면 제대로 전시회를 열 수 있을까?

### 1. 전시 방향을 파악하자

사소한 것을 챙기기 전에 우선 큰 그림을 그려본다. 무엇을 전시할 것이고, 그 이유는? 스튜디오 창립 5주년의 활동을 결산하는 전시인가? 최근 프로젝트나 브랜드 상품을 홍보하는 자리인가? 자신이나 고객의 프로필을 업데이트하기 위한 행사인가? 그 목표를 향해 모든 요소를 여러 방면에서 생각할 수 있다.

### 2. 장소의 중요성

어떤 관객을 모으고 싶은가? 책정한 예산과 예상하는 전시회를 떠올려본다. 전문적으로 운영되는 갤러리 공간을 사용할 생각이라면 그곳의 크기와 위치, 수용인원을 조사한다. 대여 비용에 보험이 포함되어 있는지, 작품이 팔렸을 때 수수료를 지급해야 하는지도 알아본다. 팝업 스페이스라면 전시가 잘 돋보일 수 있는 장소인지 살핀다. 특정 지역의 빈 공간을 찾고 있다면 관련 기관에 연락해 볼 수도 있다. 특정 건물이나 브랜드의 팝업스토어 혹은 카페에서 협업으로 진행할 수도 있다. 어느 경우이든 시설이나 교통편의 등을 점검해봐야 한다.

## 3. 파트너를 찾자

스폰서는 구하기가 어렵다. 그래도 파트너로서 비용을 분담해줄 수 있는 사람을 찾아 아이디어를 얘기해 볼 수 있다. 근처 호프집에 홍보를 해주는 조건으로 오프닝에 쓸 맥주를 지원해 달라고 해보는 건 어떨까?

## 4. 날짜 정하기

전시를 하기 좋은 시기는 봄이다. 낮이 길고 사람들이 외출을 즐기기 때문이다. 전시를 목요일이나 금요일에 시작해서 전시 기간에 주말을 포함하면 관객을 확보하기가 좋다.

## 5. 전시 기획하기

전문 갤러리를 이용한다면 수치가 표시된 건물 평면도와 전시물 배치 방법에 대한 정보를 사전에 받아 볼 수 있다. 직접 장소를 방문하여 공간 레이아웃을 세밀히 설계하도록 한다. 전시물의 구성과 배치, 조명, 설비, 여유 공간 등을 모두 고려해야 한다. 벽에 전시물을 고정해야 하는 경우라면 흠집 등을 고려하여 공간 대여자와 사전에 충분히 협의해야 한다.

## 6. 작품 판매

작품은 최상의 상태로 전시해야 한다. 판매할 의향이 있다면 캔버스 상태로 벽에 거는 것보다는 액자를 하는 것이 좋다. 각각의 작품에 합당한 가격을 매기고, 리스트를 작성해 둔다. 전문적인 내용만 기재하고, 가격은 리스트로 따로 관리하자.

## 7. 소문내기

홍보하는 일은 매우 중요하다. 웹사이트를 만들고, 이메일과 초대장을 발송하고, 전단지와 포스터를 디자인하자. 트위터, 페이스북, 인스타그램을 통해 널리 알리고 블로그에 글을 올리자. 언론사와 전문 잡지에 보도 자료를 배포하고, 그들을 오프닝에 초대하자. 사람들에게 알리지 않으면 아무도 오지 않을 것이다.

## 8. 오프닝 준비하기

가까운 친구, 가족, 고객들을 위해 준비할 것인가? 아니면 대중적인 행사로 진행할 것인가? 개인적인 오프닝을 생각한다면 그 장소가 소화할 수 있는 인원보다 더 많이 초대한다. 초대받은 사람이 모두 오는 것은 아니기 때문이다. 일이 끝난 후 찾는 방문자를 위해 간단한 다과와 음료를 준비하고, 서빙을 도와줄 협력자까지 고려해야 한다. 주류도 제공할 계획이라면 장소 대여자의 허가가 별도로 필요하지 않은지 확인해야 한다.

## 9. 전시를 즐기자

준비를 마쳤다면 이제 편안하게 오프닝을 즐긴다. 긴장은 풀고 자신감 있게 방문객을 맞이하자. 작품과 그 제작 과정에 대한 설명을 준비한다. 예상 질문을 생각해 보고 답변까지 미리 준비한다. 전시회를 기회로 새로운 사람을 많이 만나게 될 것이다. 가능한 많은 사람과 대화를 나누는 것이 중요하다.

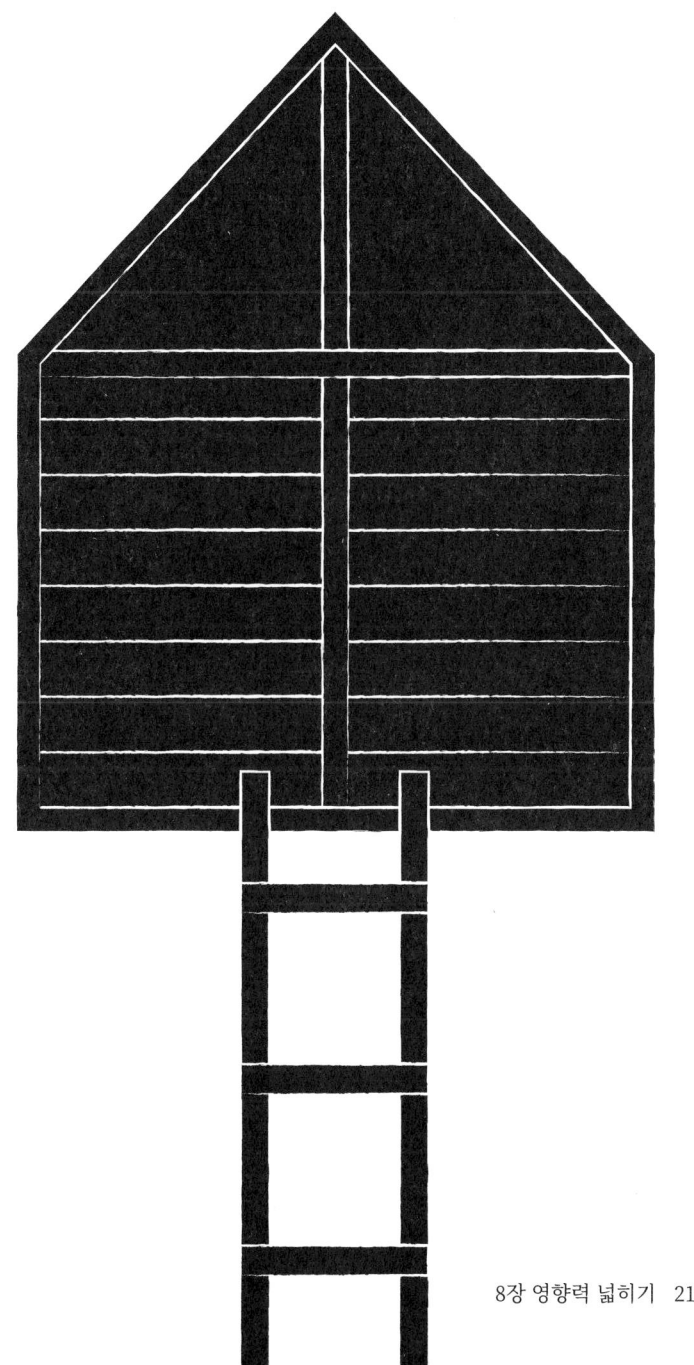

## 협업, 그리고 공간 공유

흔히 모이면 강하다고 한다. 공동 스튜디오 체제나 그룹에 참여하는 것은 마치 갱단의 일원이 된 듯한 느낌이다(물론 좋은 갱단이다). 그러기 위해서는 미래의 전망과 정신을 공유하고 그것을 바탕으로 사람들의 의견을 하나로 모아야 한다.

**1. 같은 관심사**

프리랜서로 일하는 사람이라면 협업 그룹이나 공동 스튜디오가 절실히 필요하다. 일에 대해 애정과 희열, 고통 등을 함께 나눌 수 있는 환경이다. 혼자 일하면서 좌절하거나 혹은 아이디어에 대한 의견을 구하지 못하는 상황과 큰 차이가 있다. 나아가 서로의 인맥을 공유할 수 있다는 점도 협업의 큰 장점이다.

**2. 공동체 의식 갖추기**

협업의 팀으로서 비전이 발견될 때 그 속으로 뛰어들자. 철학적인 접근 방식 때문에 다투는 일이 잦다면 함께 일하는 게 아니라 내내 소모적인 싸움으로 시간을 허비하게 될 것이다. 자신의 가치와 비전을 생각해야 한다.

**3. 머리를 모아 생각하기**

함께 해결책을 찾아가는 접근 방식이 필요하다. 프로젝트를 어떻게 꾸려나가고, 책임을 어떻게 분담할지 세심하게 살펴보아야 한다. 성과를 어떻게 나눌지도 생각해야 한다. 일부는 이윤이 안 나오는 프로젝트에 집중하고, 나머지는 돈을 벌 수 있는 프로젝트에 집중하는 것도 의미가 없다.

### 4. 전문 지식 공유하기

한 공간에 모여 팀으로 일하는 것은 역동적이고 경이로운 경험을 선사한다. 그 안에서 전문지식을 얻는 것은 서로에게 이득이 된다. 디자이너, 포토그래퍼, 편집자, 기획자, 프로그래머 등 서로 다른 분야의 사람들이 섞여서 일하면 많은 전문지식을 쌓게 되고, 다른 프로젝트로 확장하여 활용될 수 있다.

### 5. 서로 홍보해주기

모든 프로젝트에 전체 팀원이 다 투입될 필요는 없다. 그렇지 더라도 팀원들이 각자의 실력을 홍보해 줄 수 있다. 가령, 웹 개발자가 일러스트레이션 프로젝트에 대한 정보를 얻고는 함께 하는 일러스트레이터 팀원을 추천할 수 있다. 서로 추천해주면 더 많은 새로운 기회를 만들 수 있다.

### 6. 자유롭게 일할 것

시작한 지 여섯 달 안에 팀이 깨지더라도 걱정하지 말자. 팀은 집합과 해산을 거듭한다. 경험에서 배운 것을 바탕으로 다음 스튜디오를 잘 운영하면 된다. 어떤 그룹은 세상을 뒤흔들고 싶어 하고, 다른 그룹은 일만 열심히 해서 각 멤버의 작업 환경을 지원해주고 싶어 한다. 자기 삶의 방식에 잘 맞는 것을 고르면 된다.

## 더 신경 쓸 일들

업계에 강한 인상을 남기고, 영향력을 넓힐 방법은 의외로 많다. 이전에 이런 시도를 해본 적이 있는가?

### 1. 무료로 봉사하기

이타심은 특별하다. 적극적으로 자신의 재능을 기부해 보자. 가령, 디자이너라면 자선단체를 위한 디자인 작업에 참여해 보자. 그들은 안내와 홍보 등을 위한 디자인 업무가 많지만 정작 일할 수 있는 자원은 부족하다. 좋은 이미지로 널리 알려지도록 도와주는 대가로 자유롭게 창작할 수 있는 자유를 얻을 수 있다. 나중에는 그것이 진짜 업무로 이어질 수도 있다.

### 2. 홍보 동영상

멋진 동영상을 소셜미디어에 올려보자. 입소문을 타기 시작하면 전 세계 사람들의 관심을 끌 수 있다. 화려하게 돈을 많이 들여 제작할 필요도 없다. 그저 재기 넘치고, 기억에 남는 것이면 된다. 사람들이 친구들과 동료들에게 공유하고 싶어지는 동영상을 올리자. 공유할 때 자신의 사이트가 최종 경로가 되도록 링크를 걸어 두는 것은 기본이다. (6장. 더 나은 동영상 만들기 참조)

### 3. 차 마시는 시간

깔끔하게 인쇄된 행주나 타이포그래피가 인쇄된 머그잔 등 커피나 음료를 마실 때마다 자신을 떠올릴 수 있을 기념품을 클라이언트에게 선물하자. 홍보용 티백과 비스킷, 초콜릿을 회사 브랜드와 연락처 정보와 함께 보내는 것도 좋다.

### 4. 나서서 돕자

소매를 걷어붙이고 도우러 나가기를 주저하지 말자. 그 활동에서 얻는 것도 많을 것이고, 남을 돕는 일에 자신의 능력을 발휘하고 프로젝트를 보조함으로써 이름을 주변에 알릴 수도 있다. 긍정적이고 쓸모 있는 모습은 항상 좋은 평가를 받는다.

### 5. 좋은 평판

열심히 일하고, 사람들에게 친절하게 대하자. 주니어급 초년생이라면 이 말을 반드시 따라야 한다. 마감일과 예산에 맞춰서 일을 제대로 해내고, 긍정적인 자세로 임하는 사람이 업계에서 좋은 평판을 얻는다. 대단히 어려운 일도 아니다.

### 6. 행사에서 강연하기

포트폴리오를 탄탄히 다지고 자기 분야에서 많은 경험을 쌓은 전문가라면 관련 행사나 컨퍼런스에 강연자로 나서 자신의 경험을 잘 설명할 수 있을 것이다. 자신의 능력을 제공하고 발표력을 연습할 수 있는 기회를 찾아보자.

케이스 스터디 1

## 따로 또 같이, 협업은 내 정체성의 뿌리

신덕호 / 그래픽 디자이너

대학에서 공방 TW를 거쳐 졸업 후에도 혜화동과 용산 등 지역을 옮겨 소규모 협업 스튜디오를 계속 운영해 온 신덕호는 공유 공간의 '협업' 체제를 가장 잘 활용하는 디자이너 중 한 명이다.

www.shindokho.kr


그래픽 디자이너 신덕호는 자신의 작업 스타일과 스튜디오의 아이덴티티를 '협업'에서 찾고 있다. 일러스트레이터나 사진작가 더 나아가 편집자 등 서로 다른 분야 혹은 유사한 분야의 여러 사람과 공동으로 작업하는 시스템이다. 대학 동기들을 비롯하여 가까운 주변 사람 중 의뢰받은 작업에 맞는 사람들과 유기적으로 연계해 프로젝트를 진행하고 있다.

배경은 단국대 재학시절 참여했던 타이포그래피 소모임 'TW(Typography Workshop)'의 영향이 컸다. TW는 시각디자인학과 학생들이 커리큘럼으로는 채울 수 없었던 지식이나 작업 등을 스스로 얻기 위해 만든 워크숍 중심의 소그룹이자 공방이었다. 이 그룹은 단순히 학내의 스터디나 워크숍에만 그친 것이 아니라 외부의 현업 디자이너들과 연계해 실제 작업에도 적극적으로 참여했고, 그로 인해 더욱 활성화되었다. 지금까지 줄곧 유지해 오는 그의 소규모 스튜디오 운영 방식의 뿌리가 되었다.

대학을 졸업하고도 한동안 이 공간을 떠나지 않고 계속 작업을 진행했는데, 어느 순간 그룹이 해체되면서 동기 신동혁, 신해옥과 함께 새로운 그룹을 만들었다. 자신들의 작업을 기록하고 보관하기를 바랐던 셋은 일종의 아카이브 형태로서 '프레스 키트 프레스'라는 출판사를 설립했다.

프레스 키트 프레스는 어떤 물질적인 것을 생산해 내는 게 주목적이 아니라 작업물에 ISBN 번호를 발급받기 위한 공동의 플랫폼이다. 셋은 각자 독립적으로 일하면서 공동의 작업을 진행해야 했기에 자연스럽게 나왔던 게 협업 체제였다.

"대학 시절부터 협업 시스템을 몸에 익혔기 때문에 소규모 스튜디오를 운영하는 게 자연스럽다. 이 시스템의 가장 큰 장점은 다른 분야에서 일하는 사람과의 협업 체제가 좀 더 긴밀하게 유지될 수 있다는 거겠죠."

혜화동 시절을 거쳐 이후 남영동으로 옮겨서는 여러 크리에이티브 디자이너들이 작업실을 공동으로 사용하는 좀 더 적극적인 협업 시스템으로 발전했다.

케이스 스터디 2

## 주말을 즐기자, 다섯이 모인 5선데이

선데이 / 디자인 스튜디오

주말의 문화생활을 함께 즐기기 위해 다섯이 모인 5선데이는 일요일마다 만나서 함께 프로젝트를 하든 전시를 보든 뭐라도 같이 해보자는 생각에서 출발했다.

www.5unday.com

**팀플레이**

다섯은 식목일을 맞아 과속방지턱 표지판에 꽃 스티커를 붙여 보자는 궁리를 첫 프로젝트로 진행했다. 교내와 남산 순환로 표지판에 꽃을 붙였다. 처음에는 작은 꽃을, 점차 큰 꽃을 붙여 나갔다. 마지막에는 '꽃, 우리, 그리고 생명체'라는 문구를 써 붙였다. 재밌는 놀이로 시작한 프로젝트는 졸업을 앞두고 진로를 고민하면서 자연스럽게 사업으로 발전했다.

    초기에 그룹의 장점은 누군가 놀 때 돈을 버는 사람이 있다는 것이었다. 수익은 공평하게 5분의 1로 나누기로 했다. 일이 없을 때 마음 편히 자기 계발을 할 수 있도록 정한 것이다. 회사명으로 활동하면서 고객으로부터 신뢰도가 높아진 것도 장점. 추진력이 강해지는 것도 있다. 작업이 안 풀려서 자신감을 잃고 주눅이 들 때도 멤버들이 힘을 북돋아 준다.

    다른 한편으론 현실적인 경쟁력에 대한 고민도 있었다. 한 사람의 대표 브랜드를 키워야 하는가에 대한 문제였다. '선데이 =

대표 선수' 같은 콘셉트로 브랜드 인센티브가 집중되는 형평성의 문제이다. 결론은 내부적으로 각각의 스타일을 살리고, 외부적으로 대표 선수 브랜드를 가져가는 것. 장점을 높이는 쪽을 택했다.

**브랜드 상품으로 펼치는 프로모션**

'사회에 긍정적인 영향을 미치는 디자인 그룹'을 슬로건으로 내세운 선데이는 창립 초기에 바느질로 제책한 종이 노트를 만들었다. 이후에도 자신들만의 독특한 일러스트레이션으로 제작한 노트와 엽서 등 브랜드 상품을 만들어 판매해 왔다. 수익뿐만 아니라 선데이라는 그룹을 알리는 데 큰 도움이 되었다. 엽서는 아날로그 감성을 전달하는 가벼운 종이 매체로 널리 퍼뜨리기가 좋다. 고객들에게도 포트폴리오 대신 엽서를 보내고, 거기에 사이트 주소를 적어 자신들의 다양한 포트폴리오를 볼 수 있도록 유도했다.

 페이스북, 인스타그램 등 소셜미디어도 적극적으로 활용한다. 각종 벼룩시장에도 적극적으로 참여한다. 자체 브랜드 상품을 판매하고, 리플렛을 제공해 홍보 효과를 높인다. 관련 분야에서 일하는 여러 사람과 명함을 주고받으며 일 얘기도 자연스럽게 나눌 수 있다.

 다양한 전시회도 적극 참여하여 프로모션 효과를 높이고 있다. 자신들의 작품을 대중들에게 보여주고 각종 온라인 매체와 소셜미디어를 통해 전파한다. 인지도를 높이는 것과 실력을 쌓는 일은 동전의 양면이다. 훌륭한 실력으로 어느 날 혜성처럼 등장하겠다는 생각은 판타지 같을 수도 있다. 그 혜성도 누군가 말해줘야 사람들이 알게 되는 것이다.

## 챕터 요약

1. 권위 있는 어워드의 수상자가 되면 인지도가 올라가고 고객에게 확신을 심어줄 수 있다. 자신의 작업에 걸맞은 공모전 계획을 잘 세워보자.

2. 상을 타려는 데만 집중하지 말자. 작품을 잘 만드는 것이 무엇보다 중요하다.

3. 전시회에 참가하자. 작품을 외부에 선보일 수 있을 뿐만 아니라 새로운 사람을 만나서 인맥을 넓힐 수도 있다.

4. 탄탄한 포트폴리오를 갖추었다면 직접 개인 전시회를 여는 것이 더욱 효과적이다. 계획할 것이 훨씬 많겠지만 그만큼 가치가 있다.

5. 그룹의 일원이 되면 더 큰 프로젝트의 일을 맡아서 서로의 능력과 경험, 전문 기술을 나눌 수 있다. 함께 일하는 협업자들과 서로의 인맥 또한 공유할 수 있다.

6. 아주 사소한 일까지 조금 더 신경 쓴다면 좋은 평판을 얻을 수 있다. 자선 단체를 돕거나 클라이언트에게 작은 기념품을 선물하고 주위 동료의 일도 적극적으로 돕자. 이런 사소한 것에서 큰 차이가 생긴다.

에이전시가 없었다면 나는
광고 일을 어떻게 수주해야 하는지
전혀 알 수 없었을 것이다.

중요한 경쟁력은
고유한 스타일을 갖추는 것이다.

# 9장
# 에이전시 활용하기

좋은 에이전시에 의탁하면 좀 더 많은 고객에게 효과적으로 자신의 이름을 알릴 수 있다. 또한 자신의 작업에 집중하여 수준을 한층 더 높이고 싶은 경우에도 에이전시를 통하는 것이 도움이 된다. 어떤 광고 회사는 에이전시를 통한 스튜디오나 프리랜서에게만 일을 의뢰하기도 한다. 하지만 에이전시가 모든 크리에이터에게 적합한 것은 아니다. 에이전트(에이전시 소속의 대리인, 담당자)의 역량 또한 중요하다.

창의적인 생태계의 여러 장르에서 크리에이터의 활동이 점점 늘면서 국내에서도 에이전시에 대한 요구가 점점 늘고 있다. 해외로 진출하고자 한다면 언어와 인지도 등에서 많은 어려움이 따르는 만큼 우선 검토해야 할 사항이다. 한 가지 기억해야 할 점은 자기 일을 직접 돌봐주는 사람은 에이전시의 담당자, 즉 대리인이라는 사실이다. 에이전트라고 불리는 대리인은 해외에선 여러 에이전시를 통해 활동하기도 한다.

## 에이전시가 필요한가요?

더 많은 작업을 의뢰받을 수 있는 지름길일까? 아니면 여전히 현재 상황에서 벗어나지 못할까? 에이전시와 함께 일할 것인가 여부는 가볍게 생각하고 결정할 문제가 아니다. 그런데도 새로운 시장에 진출해 고객 수를 늘리고자 하는 크리에이터에게는 그 문을 열어주는 역할을 할 것이다.

### 1. 에이전시가 필요한 사람은 누구?

수많은 크리에이터들이 에이전시의 도움을 받고 있다. 그들은 해외시장을 개척하려는 스튜디오 경영자나 대학을 갓 졸업하고 현업에 뛰어든 크리에이터, 그리고 더 많은 작업을 원하는 프리랜서들이다. 하지만 모든 사람에게 에이전시가 필요한 것은 아니다. 에이전시 없이도 잘 해낼 수 있다.

### 2. 에이전시는 무슨 일을 하나?

좋은 에이전시라면 자신의 능력을 다음 단계로 끌어올리고, 더 나은 일을 얻도록 주선하며, 작업비도 높게 협상해 줄 것이다. 그리고 자신의 작업을 전 세계의 많은 고객에게 홍보해 줄 것이며, 에이전시를 통해서만 일을 의뢰하는 출판사와 광고 대행사 등과도 접촉할 수 있다. 또한 마케팅이나 회계, 관리 등의 업무에서 벗어나 작업에만 몰두할 수 있다.

### 3. 그들에게는 어떤 이득이 있는가?

에이전시는 작업 의뢰 건당 25-35퍼센트의 수수료를 가져간다. 경우에 따라서는 자신을 위해 쓰는 홍보비용 일부를 부담하라는 요청을 할 수도 있다. 이 경우, 에이전시가 25퍼센트의 수수료를 청구한다면, 홍보비용의 25퍼센트를 부담해야 한다.

### 4. 실력을 어느 정도 쌓아야 하는가?

에이전시에 자신을 의탁하기에 알맞은 시기는 얼마간 거래 경험을 쌓고 나서 높은 수준의 잠재 고객을 확보하고 싶을 때이다. 강렬하고 창의적인 스타일로 얼마간 업계에서 미리 경험을 쌓은 크리에이터에게는 에이전시가 먼저 접근하는 경우도 있다.

### 5. 어떤 에이전시를 피해야 할까?

전화를 잘 받지 않는 에이전시는 의심이나 반감을 살 수 있다. 이는 스트레스로 지결된다. 직접 만나는 일을 주저하는 경우에도 마찬가지다. 좋은 에이전시는 관심을 갖고 격려해 주며, 크리에이터의 경력 관리에 대해 의논할 것이다.

### 6. 기타 유의할 점은?

별도의 요청이나 의뢰된 일도 없이 계약 기한이 연장되거나 조건대로 돈이 지급되지 않는 경우도 조심해야 한다. 이런 경우에는 계약서를 다시 살피고, 지급 날짜를 조정해야 한다. 자신의 작품에 대한 권리를 요구하는 에이전시도 조심하자.

## 옵션은 무엇일까?

에이전시의 규모에 따라 장단점이 있게 마련이다. 자신에게 알맞은 유리한 선택은 무엇일까?

### 1. 대규모 에이전시

무엇을 찾고 있으며, 어떤 작품이 평범하고 혹은 그렇지 않은지에 대해 그들은 기준에 맞춰 조언해 줄 것이다. 가격을 흥정하고, 계약을 맺는 과정에서 축적된 노하우를 충분히 활용할 것이다. 대형 클라이언트와 업계 주요 계층에 접근할 수 있고, 정기적인 수입을 올릴 수 있으며, 홍보비용도 나눌 수 있다. 그러나 큰 에이전시와 일할 경우, 비용에서 약간의 상실감을 느낄 수도 있다. 지정된 에이전시보다는 여러 곳과 관계를 맺을 필요도 있다.

### 2. 소규모 에이전시

소규모 에이전시에서는 좀 더 개인에 특화된 서비스를 제공받을 수 있다. 다수 중 하나가 되기보다는 선택된 한 사람이 될 수도 있는 선택이다. 반면에 한두 명의 담당자(대리인)에게 업무관리와 마케팅, 홍보, 회계 등이 모두 집중된다는 뜻이기도 하다. 가장 바쁜 크리에이터의 요구가 그들의 시간을 독점할 수도 있다. 또 자금 순환 문제에서도 상당한 문젯거리가 되기도 한다.

## 적합한 에이전시 찾기

자신을 대표하는 에이전시를 찾을 때 빠지기 쉬운 흔한 함정을 피하는 방법은?

### 1. 자료 수집

에이전시에 연락하기 전에 시장의 주요 고객이 어딘지 또는 에이전시의 규모도 확인해 본다. 그들이 직접 해외 지사를 운영하고 있는지, 아니면 자매 사와 파트너로 일하는지 등의 정보도 수집한다. 보통은 웹사이트를 통해 회원사 목록을 확인할 수 있다.

### 2. 대상 목록 만들기

에이전시 대상을 추렸으면 각각의 출품 정책과 연락 방법을 찾아본다. 세부 상황을 위해 각각의 웹사이트를 확인한다. 보통은 온라인 제출이 원칙이지만, 미팅을 따로 잡거나 포트폴리오를 우편 발송하는 일도 있다.

### 3. 적합한 작품 제출하기

에이전시가 관리하는 크리에이터의 목록에 등록되고 싶다면 꾸준히 좋은 작품을 만들어왔다는 사실을 알려야 한다. 자신의 능력과 스타일을 대표할 만한 포트폴리오를 골라야 한다. 어떤 작품에서 상업적 가능성이 가장 엿보이는가? 의뢰받았던 프로젝트들도 포함시키자.

### 4. 마지막까지 최선을 다하자

에이전시가 자신의 작품을 고려 중이라고 해서 성공적으로 직결되는 것은 아니다. 결정 과정에 누가 참여하며, 어떤 것이 고려되는지를 물어보자. 그리고 언제 결과가 나오며, 어떤 방식으로 통보해주는지도 문의해 보자. 포트폴리오를 가지고 회의에 직접 참석하라는 요청을 받았다면 자신의 작품이 가진 상업적 가능성을 명확하게 보여주도록 하자. 어떤 프로젝트들이 자신의 능력을 최대한 보여줄 수 있을까?

### 5. 반응을 살필 것

제안을 받았다면 작품의 어떤 점이 특히 인상적이었는지 에이전시에 물어보자. 어떤 시장에 적합할 것이며, 어떤 홍보 활동이 진행될 것인가? 에이전시에 대한 정보와 그 팀이 어떻게 일하는지도 질문하자. 제안을 받지 못했을 경우에도 이유를 물어보자. 어떤 조언이나 방향성을 제시해 줄 수도 있을 것이다. 그 조언을 따른다면 나중에 다시 포트폴리오를 검토해 줄 건인가 등등.

### 6. 답변을 받을 것

자신의 궁금증이 다 해결될 때까지 계약서에 사인하지 말자. 에이전시가 제시하는 계약 조건을 읽으며 내용을 파악하고 기록하자. 혹시 내용이 불분명하거나 논의가 필요한 경우에는 따로 표시해둔다. 보통 에이전시와의 계약은 장기적이다. 그러므로 자기 뜻이 충분히 반영되었는지 확인해야 한다.

# 계약서 꼼꼼히 살피기

계약서에 사인하기 전에 계약 내용을 샅샅이 살펴보아야 한다. 특별히 신경 써서 살펴보아야 할 것이 있다면?

**1. 에이전시의 수수료는 얼마?**

에이전시는 자유롭게 수수료 비율을 정할 수 있으니 사인하기 전에 제시된 내용을 잘 확인해 본다. 통상적으로 25-35퍼센트의 수수료가 업계 표준이다. 비율 계산이 어떻게 되든 계약서에는 그 구조를 명시해야 한다.

**2. 홍보비용 분담**

광고, 마케팅, 기타 홍보비용도 정확히 짚고 넘어가야 한다. 몇몇 에이전시는 홍보비용의 25퍼센트 정도를 작가에게 청구하기도 한다. 효율적으로 묶어서 홍보비용을 처리하는 대규모 에이전시의 경우는 업무에 착수할 때 명목상의 연간 홍보비용을 청구할 수도 있다. 반면 소형 에이전시의 경우는 좀 더 많은 홍보비용을 요청할 수도 있다. 홍보의 수단은 작품의 스타일과 타깃이 되는 마켓에 맞게 결정될 것이다.

**3. 저작권의 보유**

저작권과 디자인 특허 법령은 권리 이전 동의서를 작성하거나 사전에 동의한 경우가 아니면 작품 원본에 대한 소유권을 지닌다. 고객은 발주서에 명시되고 합의된 대로 작품 재생산에 대한 권리를 가진다. 계약서에서 권리와 관련된 부분을 특히 신경 쓰자! 고객이나 에이전시에 권리를 가볍게 넘겨주지 않도록 하자.

**4. 지역에 대한 협의**

에이전시가 어느 지역까지 자신의 대리인 역할을 할 것인지 계약서에 명시되어야 한다. 전 세계, 아시아 지역, 구미나 유럽지역, 그 외에 에이전시가 지사를 두고 있는 기타 국가와 도시 등이 표시된다. 다른 에이전시가 관리하는 지역이 있다면 그 영역은 제외할 수도 있다.

**5. 하우스 고객에 대한 지식**

좋은 에이전시들은 자신이 직접 고객을 확보하기위해 들인 시간과 비용, 노력 등을 잘 이해한다. 이렇게 직접 확보한 고객을 하우스 고객이라고 한다. 그들의 목록을 에이전시에 넘길 수도 있다. 하지만 이들의 경우는 에이전시 수수료를 지급하지 않아도 된다. 혹은 에이전시 측에서 좀 더 낮은 수수료로 이 고객들까지 관리해 주겠다고 제안할 수도 있는데, 이 경우 각종 서류 업무와 결제업무의 부담을 덜 수도 있다.

**6. 결별은 늘 어렵다**

만약 조건을 잘 정리해두었다면 그 과정이 덜 고통스러울 수는 있다. 만약 상황이 양쪽 모두에게 좋지 않다면 사전에 합의해 둔 조건이 매우 도움이 될 것이다. 합의 내용에는 계약 종료에 앞서 미리 통지하는 시기와 해지 과정의 절차가 포함되어야 한다.

## 에이전시 다루는 법

에이전시와 관계를 잘 다질 수록 어려움에서 잘 벗어날 수 있다.

### 1. 진실한 자세로 대하자

좋은 관계는 신뢰와 원활한 의사소통을 바탕으로 형성된다. 마감을 맞추기 어려운 상황이나 작업에 불만이 있을 때는 언제든지 에이전시에 바로 알려야 한다. 관계를 견고하게 하는 지름길은 자주 연락해서 솔직하게 대화를 나누는 것이다. 매주 혹은 매달 정기적으로 진행되는 상황에 대해 전화나 이메일로 알린다.

### 2. 인내심을 갖자

작업 의뢰가 들어올 때까지는 시간이 걸릴 것이다. 여섯 달 혹은 그 이상이 필요할지도 모른다. 에이전시 입장에서도 자기 일을 홍보하는데 시간 투자가 필요하다. 작업 의뢰가 늦는다고 전화를 하기 전에 이 점을 우선 떠올리자.

### 3. 콘텐트가 중요하다

에이전시의 홍보 채널에 자신이 잘 홍보될 수 있도록 모든 자료와 포트폴리오를 넘겼는지 확인하자. 필요한 정보와 자료가 모두 전달돼야 에이전시가 일을 제대로 할 수 있다.

### 4. 전문가답게 행동할 것

에이전시가 중요한 고객들에게서 일을 받아 내려고 애쓰고 있다면, 자신도 역할을 찾아 최고의 서비스를 제공해야 한다. 프로젝트의 계약에 앞서 시간 여유가 있는지 살피고, 작업의뢰서를 철저하게 읽어서 불분명한 부분을 짚어내고 마감일에 맞춰서 일을 완수해야 한다. 에이전시와 클라이언트에게 일의 진척에 대해 계속 알려주는 것도 필요하다.

**5. 신뢰를 저버리지 말 것**

의뢰받은 일은 계약서에 합의한 대로 에이전시를 통해 전달하는 것이 의무다. 고객이 에이전시를 따돌리고 자신에게 직접 접근하더라도 받아들이면 안 된다. 에이전시의 신뢰를 저버리면 관계는 지속될 수 없다.

**6. 자신의 일정을 알리자**

여행을 간다거나 오랜 시간 연락이 불가능할 경우에는 언제나 에이전시에게 바로 알려줘야 한다. 고객이 자신의 일정을 확인하고자 할 때, 에이전시가 곧바로 답변해야 하기 때문이다.

**7. 일을 즐기자**

에이전시가 홍보와 결제, 계약 협상 등의 일을 대신 처리하게 되면 작업에 온전히 집중할 수 있게 된다. 작업을 즐기고 새로운 아이디어와 영감을 활짝 받아들이고, 여러 소재와 기술을 시도해보자. 그러는 동안 아이디어는 계속 흘러나와 일이 순조롭게 진행되도록 해줄 것이다.

## 챕터 요약

1. 해외 시장을 노리는 디자이너, 애니메이터, 일러스트레이터, 스튜디오 운영자 등 모든 크리에이터는 에이전시에 업무를 일임하는 것이 이득일 수 있다.

2. 25-35퍼센트의 수수료 비용으로 에이전시는 새로운 일을 찾고, 비용을 협상하고, 그 외 계약 제반 사항을 처리해 줄 것이며, 돈을 잘 지불받을 수 있도록 관리해 줄 것이다.

3. 자기에게 맞는 에이전시를 찾는 것이 중요하다. 대규모 에이전시의 경우 주요 고객에게 자신을 소개하거나 세계 시장에서 일할 수 있도록 주선할 것이다.

4. 소규모 에이전시는 좀 더 친밀하게 관심을 가지고 자신의 스타일과 작업 방향에 꼭 맞는 일을 찾아 줄 수 있을 것이다.

5. 에이전시와 맺는 계약서는 특히 주의를 기울여서 살피자. 계약서는 자신의 권리와 수입에 대해 명시하고 있다. 자신이 작품에 대해 저작권을 가지게 되는지 확실히 확인하자.

6. 에이전시와 좋은 관계를 쌓으면 일이 순조롭게 진행될 것이다. 신뢰와 소통, 직업 정신은 필수 요소다.